GLI OCCHI DENTRO DI NOI

Pagine di un pensiero vagabondo

Catalin Cristea

Gli Occhi Dentro di Noi
Pagine di un pensiero vagabondo

A mio figlio

Albert Lucas

Questo libro è frutto di una ricerca e raccolta studio di filosofia e storia della psicologia, con l'obiettivo di raggiungere degli spunti di riflessione al fine di migliorare il benessere mentale attraverso diverse tecniche, è una raccolta di consigli utili per diverse fasi della vita che tutti attraversiamo, dall'adolescenza all'essere genitore, dalla crescita personale al miglioramento lavorativo in diversi ruoli, all'accogliere nel modo più propositivo i cambiamenti delle varie fasi della vita e di vecchiaia.

Gli autori hanno voluto raccogliere le ricerche dei grandi della filosofia contemporanea e non, confrontandole con le loro esperienze di vita e lavorative, formulando delle proprie opinioni.

Il testo è scritto in modo semplice per facilitarne la comprensione, in molti tratti pone domande al lettore per invitarlo ad una riflessione personale ed autentica.

La mente e il pensiero osservati da molteplici punti di vista, ricco di dettagli storici e riferimenti di ricerche scientifiche.

Molte delle tecniche citate sono state testate con successo dagli autori stessi nell'Azienda che rappresentano da anni, come anche gli approcci educativi in ambito familiare.

Un viaggio tra conoscenze culturali e introspezione, un confronto tra il passato e il presente che tutti noi viviamo quotidianamente.

I. COME PENSIAMO

Per molto tempo, gli scienziati hanno cercato di stabilire un collegamento tra l'attività cerebrale e l'attività mentale. Ma, per quanto riguarda la definizione di pensiero, le opinioni sono divergenti. Trovare e comprendere il funzionamento del pensiero è davvero un compito impossibile?

Immaginiamo di essere nella sala d'attesa di una stazione ferroviaria, a guardare i passanti che aspettano il nostro stesso treno. La nostra mente intercetta una miriade di impressioni differenti, persone molto frettolose, altre calme ed assorte. Ma inevitabilmente, il nostro pensiero rimarrà incuriosito da un individuo non molto lontano da noi. La nostra attenzione si concentrerà su un punto e ci porremo delle domande sul nostro soggetto:

Che professione potrebbe svolgere? Cosa sta provando? Se è soddisfatto della sua vita?

In un attimo la nostra concentrazione cambia e si sofferma su di un cartellone pubblicitario. I colori, le immagini, le parole trascritte dello slogan, ci portano il pensiero, in un piano più lontano e ci ricordano i momenti piacevoli della nostra ultima vacanza. Ricordando un momento passato, rifletteremo sul tempo che passa velocemente e sulla nostra percezione dello stesso. Infine, il treno arriva e mette fine ai nostri pensieri, per darci modo di salire sul treno mettendo un piede davanti all'altro, quindi concentrandosi per pochi istanti sulle azioni del nostro corpo.

Una volta saliti sul treno, ricominciamo a pensare, questa volta ci concentriamo sulle azioni di futuro prossimo e la nostra mente si sofferma sulle varie attività che svolgeremo durante la giornata di lavoro.

A)   UN'ATTIVITÀ CHE NON SI FERMA

Allora, cosa hai fatto in quei pochi minuti? "Pensavi"! Questa funzione comprende varie attività mentali: osservare, giudicare, dedurre comportamenti, porre domande, immaginare risposte, ricordare, misurare il passare del tempo, scegliere un luogo o riflettere su un problema. Tutte queste sono tra le varie manifestazioni del pensiero. Rivelano emozioni, credenze, in base ad una certa cultura, un'identità. Il tutto è accompagnato soprattutto da una capacità intuitiva, inerente nell'essere umano, "la consapevolezza di sé è guidato dalle proprie riflessioni, dalle azioni e dai desideri".

Così, ogni giorno, vengono eseguite milioni di operazioni mentali, più o meno elaborate, più o meno consapevoli. Tutte le scienze e le filosofie cercano di risolvere il mistero di questa produzione massiccia e complessa. La neuroscienza suggerisce un collegamento tra il pensiero e l'attività neurale nel cervello. Lo studio delle lesioni cerebrali e i progressi nelle tecniche di visualizzazione medica hanno permesso, negli ultimi anni, la localizzazione di alcuni centri cerebrali coinvolti nei processi mentali. Grazie alle moderne tecniche non invasive, gli scienziati hanno compreso meglio come reagisce il cervello quando parliamo, ascoltiamo musica, calcoliamo, memorizziamo, oppure ci opponiamo.

Bernard Mazoyer, professore all'Università di Caen, ha dimostrato attraverso un esame diagnostico del cervello chiamato PET (tomografia ad emissione di positroni) come le aree corticali si attivano quando una persona senza l'ausilio di immagini visive, ascolta termini concreti, come "fenicottero rosa", o termini astratti, come "ipotesi". L'ascolto di parole concrete provoca l'emergere di immagini mentali: un'intera rete cerebrale viene attivata coinvolgendo fortemente le aree occipito-parietali e frontali e, in modo più debole, un "centro del linguaggio" situato nella corteccia temporale. Invece, questo centro è intensamente stimolato dall'ascolto di parole astratte, che richiedono uno sforzo di comprensione.

D'altra parte, Michel Habib, un neurologo del CHU di Marsiglia che studia le vittime di lesioni cerebrali, ha scoperto che dopo la distruzione del ganglio basale, una struttura nervosa profonda, i suoi pazienti diventavano apatici, privi di motivazione e desiderio, indifferenti, inattivi, persi in una sorta di vuoto mentale. È come se il filo del pensiero spontaneo, che si dispiega costantemente nel soggetto sano, si fosse interrotto.

B) LESIONI FATALI

Un'altra lesione nota, quella di una piccola regione del lobo temporale destro, si traduce nell'incapacità delle persone di riconoscere figure umane familiari. Se l'area di Broca (situata nel lobo frontale sinistro) viene distrutta, la persona potrebbe perdere la capacità di linguaggio. Alcune regioni del cervello svolgono un ruolo chiave nell'organizzazione delle attività linguistiche, correzione e aggiornamento delle informazioni. Le lesioni dell'ippocampo, ad esempio, causano gravi disturbi della memoria. Tutte queste osservazioni indicano che alcune regioni del cervello sono coinvolte nell'esecuzione di particolari processi mentali ed attività fisiche. Tuttavia, dobbiamo stare attenti alla definizione del pensiero quando intendiamo stabilire una connessione con l'attività neurale. Infatti, a seconda della natura e dello scopo di un "pensiero" (percezione, movimento più o meno volontario, calcolo mentale, memorizzazione a breve termine, lettura di un documento, comparsa di ricordi, sogni ad occhi aperti, ecc.) vengono attivate e associate diverse aree cerebrali con altre strutture. Il cervello è una macchina complessa, un labirinto di neuroni assemblati in una rete infinita chiamata "rete neurale", una rete di "mini-cavi", composta da sottoinsiemi e strutture più grandi. Funziona in modo globale, coinvolgendo miliardi di connessioni tra diverse regioni del cervello.

Se è difficile comprendere l'insieme dei fenomeni indotti dal pensiero, la risonanza magnetica per immagini (MRI) indica una certa "materialità" dell'attività cerebrale che può essere registrata. Attraverso la risonanza magnetica, i ricercatori possono monitorare l'attività neurale, ovvero il comportamento dei neuroni attivati da stimoli ben definiti, ad esempio, la posizione delle aree cerebrali attivate dall'esecuzione di un gesto fisico. È stato riscontrato che, in generale, alcune regioni del cervello si attivano quando il movimento è solo immaginato (rappresentazione mentale di un'attività motoria). Tuttavia, non possiamo individuare i modi in cui viene prodotta l'eccitazione o l'inibizione dei neuroni nell'area del cervello studiata.

Secondo il neurobiologo Jean-Pol Tassin, professore al Collége de France e direttore dell'Istituto nazionale di salute e ricerca medica (*INSERM*[1]), i pensieri dell'osservatore della stazione sono il prodotto di due diversi processi cerebrali:

- Il primo, rivela la reazione automatizzata e inconscia corrispondente all'attivazione delle strutture cerebrali profonde; è un'elaborazione "analogica".

- Il secondo è in realtà un'operazione "cognitiva", che consente all'osservatore di analizzare determinate informazioni e che porta all'emergere del pensiero cosciente.

C) LO SCHELETRO DELLA PSICOLOGIA

Per giudicare e valutare ciò che ci circonda, abbiamo bisogno di conoscere e riconoscere l'ambiente. La percezione di un viso sorridente significa che abbiamo già compreso il concetto di viso,

---

[1] Inserm è stato creato nel 1964.
Secondo le SCImago Institutions Rankings 2019, Inserm è classificata come la seconda migliore istituzione di ricerca nel settore sanitario

sia esso liscio o rugoso, tondo o spigoloso, posto in ombra o ricoperto dai capelli. Vale anche per l'espressione di gioia, che decifriamo e riconosciamo, a patto di averla già incontrata.

Per i bambini, tuttavia, il compito è difficile: devono imparare a identificare, differenziare e nominare molti concetti. Man mano che il bambino assimila la realtà, viene immagazzinato un considerevole archivio di "immagini interne": figure, luoghi, oggetti, odori e colori ecc.

Il cervello, memorizza anche un gran numero di strategie elementari o complesse, costruite sotto l'influenza dell'ambiente in cui vive; impara a risolvere sia problemi fisici (perché questo corpo cubico non entra in questa forma tonda?), che mentali (qual' è il comportamento ottimale per ottenere qualcosa in un tempo più breve?) e così che avviene il processo di apprendimento.

Queste immagini e strategie vissute, cariche, anche da un punto di vista emozionale, vengono progressivamente immagazzinate in alcuni "serbatoi" che costituiscono una sorta di scheletro della psiche. Questi serbatoi non hanno una posizione precisa nel cervello. Derivano CHU di Marsiglia e si costituiscono dalla disposizione specifica dei neuroni, che si combinano in una rete sempre più complessa man mano che il bambino cresce e vengono aggiornati ad ogni nuova esperienza, costituendo le fondamenta della personalità. Osservando la maturazione di un sistema di pensiero, a questo livello interviene l'elaborazione analogica, che entra in gioco ogni volta che c'è una connessione tra ciò che si osserva e la rappresentazione immagazzinata in un serbatoio. Ad esempio, se ci troviamo di fronte a una situazione molto simile a un problema che hai risolto in passato, seguiremo quasi lo stesso percorso per risolverlo: in questo caso abbiamo fatto un ragionamento per analogia.

Immaginiamo che il nostro osservatore della stazione faccia un'errata interpretazione, interpellando uno sconosciuto, scambiandolo per un conoscente. Questa confusione deriva da un'elaborazione analogica molto veloce, che non gli ha permesso di distinguere la nuova figura sulla piattaforma, da quella che è nota e immagazzinata nella memoria.

Il passeggero nella stazione ha rilevato una somiglianza, che lo ha fuorviato ed inconsciamente, ha eseguito un'elaborazione delle informazioni veloce (100-300 ms) e automatica, senza valutare realmente la situazione; mentre, incrociando un altro viaggiatore, lo stesso personaggio passò senza essere notato, perché non corrispondeva alle caratteristiche specifiche immagazzinate e riconosciute dal primo.

In generale, possiamo sperimentare le stesse situazioni e reagire in modo diverso a seconda del contenuto dei nostri archivi di memoria. Attivando questi archivi in modo semi-cosciente, l'elaborazione analogica suscita la rapida comparsa di pensieri e comportamenti unici, spesso contrassegnati da stereotipi socioculturali e archetipi umani.

Tuttavia, il sistema analogico non è sufficiente per spiegare tutte le dimensioni dell'attività mentale, specialmente i pensieri più elaborati.

Tornando all'esperienza degli errori di riconoscimento delle figure, la differenziazione delle immagini si ottiene attraverso uno sforzo cognitivo e dura da pochi secondi a diversi minuti "Gli somiglia, ma non è quello che conosco". Il cervello del nostro osservatore, ha riscontrato una mancata corrispondenza tra l'immagine conservata in un serbatoio e le caratteristiche del viso o del corpo dello sconosciuto. Ha registrato le informazioni e le ha confrontate con l'inventario delle figure note, comprendendo autonomamente che si trattava di una somiglianza e non di un'uguaglianza, correggendo in modo quasi automatico il suo errore e decide: "Non lo conosco".

Di fronte all'imprevedibile, più o meno complicato e stressante, formuliamo soluzioni più o meno efficienti, come di fronte a un problema matematico che dobbiamo risolvere rapidamente. I processi cognitivi consentono la valutazione e la critica di una situazione, cosa che non avviene nel caso dell'elaborazione analogica. A seconda della maturazione del nostro sistema di pensiero e del modo in cui sono impostati e riempiti i nostri serbatoi, inventiamo e testiamo strategie risolutive in situazioni di vita reale. In questo modo diamo un senso al mondo che ci circonda, senza il quale saremmo inghiottiti dall'inconsistenza delle informazioni analogiche.

In relazione a questo argomento, Jean-Pol Tassin ha avanzato l'idea della genesi della psicosi, fondata da una debolezza del processo cognitivo in relazione a quello analogico, che fa confondere il soggetto.

Tutte queste operazioni cognitive avvengono grazie all'attivazione di neurotrasmettitori, che modificano le strutture analoghe. Cosa sono i neurotrasmettitori e qual è il loro ruolo nello sviluppo ottimale dell'elaborazione cognitiva? Soggetto a variazioni permanenti, generati dai cambiamenti nell'ambiente in cui viviamo, il corpo, sviluppa risposte adattative di natura fisiologica (come la regolazione della temperatura interna). Allo stesso modo, riflettiamo le sfide psicologiche e sociali nell'ambiente socio-culturale, che causa lo sviluppo e l'applicazione di strategie comportamentali più o meno appropriati.

Sono stati scoperti, tre neurotrasmettitori, chiamati "mediatori", i quali sono coinvolti in queste reazioni adattative e hanno il compito di rilevare e modulare gli stimoli ricevuti. La noradrenalina, la serotonina e la dopamina, che insieme svolgono una funzione di bilanciamento; situati nel tronco cerebrale si attivano in modo diffuso l'una o l'altra delle strutture nervose, a seconda della natura e della complessità dell'evento.

D) CHIMICA DELLA COSCIENZA

Facciamo un esempio: un telefono ti sveglia presto la mattina. Mentre dormi, uno squillo, il secondo, il terzo... Lentamente, molto lentamente, ti svegli da un sonno profondo. Finalmente comprendi che quel rumore acuto è molto reale, lo riconosci ed elabori che devi rispondere al telefono.

Qual è stato il coinvolgimento dei tuoi mediatori chimici? La noradrenalina ha permesso di destare l'attenzione e di rilevare il telefono nella fase di sonno, la serotonina è intervenuta per minimizzare l'allerta al fine di proteggere il sistema nervoso da reazioni improvvise ed ha permesso il riconoscimento del rumore, abituandosi ad esso e controllando la situazione. Per quanto riguarda la dopamina, in questo caso ha svolto un lavoro di sintesi raggruppando i dati di noradrenalina e serotonina. A seconda degli stati interni del soggetto e degli eventi esterni che le accadono, dà il "via libera" per innescare un comportamento.

I mediatori chimici interagiscono costantemente con l'ambiente e si adattano a tutti i tipi di stimoli. Senza il loro intervento (che causa un trattamento cognitivo), l'osservatore della stazione non sarebbe stato in grado di scoprire o valutare le informazioni.

L'azione dei mediatori non si ferma qui: ad ogni nuova esperienza stimolano e modificano i "serbatoi", immagazzinando in essi molteplici e svariate informazioni. Se l'osservatore entra per la prima volta nella stazione, nulla gli sembrerà familiare. Ma se ci va per la quinta volta, sarà abituato a questo universo, a tutti i suoi angoli, ai suoi odori, al suo aspetto. Valutando gradualmente il campo, ha realizzato, in un certo senso, un modello di "carro armato", memorizzando uno schema della stazione stessa. Quindi, ogni individuo costruisce il suo pensiero in base ai serbatoi che possiede e al tipo di lavorazione che utilizza. In assenza di questo feedback e senza questo continuo avanti e indietro tra i due tipi di elaborazione, il cervello non acquisirà il dinamismo e la malleabilità che caratterizzano la manifestazione dell'attività mentale.

Successivamente, Jean-Pol Tassin, ha esteso il modello al modo in cui vengono prodotti i sogni. Durante il sonno profondo i mediatori sono a riposo, mentre si attivano i serbatoi, soprattutto quelli alimentati dagli eventi del giorno precedente. A suo avviso, modellare un sogno non è altro che un'attivazione improvvisa di neurotrasmettitori; questi a loro volta attivano automaticamente l'elaborazione cognitiva. Ciò, consente di trasformare il contenuto cognitivo caotico dei serbatoi in una "storia" coerente. Come abbiamo visto, i mediatori si attivano durante un improvviso risveglio causato da uno squillo del telefono. Tre squilli sembrano essere sufficienti per il risveglio del dormiente. Per alcuni istanti si mischiano al sogno, integrandosi istantaneamente nello "scenario" onirico.

Il pensiero è prodotto dalla materia cerebrale? Di fronte alla variabilità dei comportamenti e all'immensa soggettività che guidano le persone, il filosofo Bernard Andrie^{2}u^3 dell'Università di Bordeaux II, si chiede se gli stati mentali possano essere definiti solo dall'angolo fisiologico e se possano essere ridotti a una somma di neuroni. I miliardi di neuroni che compongono il nostro cervello ci permettono di presumere con certezza che ci sia una determinazione cerebrale nei meccanismi mentali, ma sembra molto difficile determinare cosa si nasconde dietro ogni pensiero, credenza, regola, morale, immaginazione (sentimento/attrazione).

Bernard Andrieu stima che il modello sviluppato da Jean-Pol Tassin enfatizzi piuttosto un pensiero dinamico e funzionale, che rimane ancora l'espressione meccanica dell'elaborazione delle informazioni. Al di là di questo "meccanismo", il mistero del pensiero persiste ancora tra gli studiosi e i luminari della materia.

---

2 [2] Andrieu ha studiato a Bordeaux dal 1978 al 1984. È professore all'Università di Nancy . [1] Ha scritto sulla filosofia delle neuroscienze e sul problema mente-corpo , nonché sulla storia delle pratiche corporee come l' abbronzatura , il tatto , l'aria aperta e l' immersione

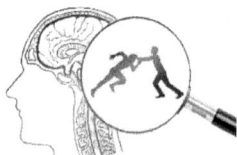

II. LA RAGIONE DELLE NOSTRE AZIONI

Perché facciamo ciò che facciamo? È noto che non riceviamo passivamente influenze esterne, né reagiamo meccanicamente ai bisogni della vita quotidiana, ma secondo determinate esigenze interne che ci consentono di essere selettivi rispetto alle esigenze di adattamento. Per comprendere e spiegare il comportamento, spesso ci poniamo alcune domande semplici dalle risposte complesse: perché facciamo quello che facciamo? Quali sono i motivi per cui abbiamo adottato un determinato comportamento? Perché ho reagito o mi sono comportato in un determinato modo? Ecco solo alcune domande, che molte persone si pongono alle quali non sempre troviamo risposte convenienti.

Frequentemente ci chiediamo anche: quali sono le molle interne che ci spingono ad agire in un certo modo? Come mai a volte agiamo contro la nostra volontà? Se ci appelliamo al concetto di motivazione, saremo in grado di trovare risposte a queste domande, scopriremo le cause e la logica di diversi comportamenti apparentemente inspiegabili. Qualsiasi attività umana si basa su un minimo di stimolazione interna con il ruolo di dinamismo e orientamento nell'ambiente.

Possiamo definire la motivazione come rappresentazione di tutti gli stati di bisogno interno del corpo che stimolano e guidano i comportamenti con lo scopo di soddisfarli. Nella categoria degli "stati di bisogno" possiamo includere forme motivazionali, quali: bisogni, interessi, credenze, ideali, (paura, pericolo, vizi e dipendenze?) cioè un insieme di fattori che attivano, guidano e regolano le azioni.

La motivazione svolge il ruolo di "filtro" attraverso il quale riceviamo e assimiliamo influenze esterne ed interne; attraverso la motivazione diventiamo "permeabili" dal punto di vista psicologico solo a quegli stimoli che sono in grado di soddisfare i nostri bisogni.

La motivazione svolge il ruolo di "pistone" o "stantuffo" di una siringa attraverso il quale siamo spinti a compiere azioni o ad elaborare pensieri creativi per raggiungere uno scopo o un traguardo che ci siamo posti come bisogno/obiettivo.

Mentre alcuni bisogni sono innati (quelli biologici), trascritti nella nostra dote genetica, altri vengono acquisiti durante la nostra interazione con l'ambiente fisico e socio-culturale (es. Bisogno di comfort, informazione, navigazione in Internet, prestigio personale, autoaffermazione, raggiungimento di un obiettivo, desiderio, ecc.)

A) COMPONENTI DELLA MOTIVAZIONE

2.1 I bisogni sono componenti motivazionali di base che esprimono soggettivamente gli stati di necessità per ottenere determinati oggetti, eventi e o attrarre persone, il desiderio di qualcosa di specifico. Esempi: il bisogno di cibo, curiosità di conoscere un luogo (l'esplorazione), i bisogni ludici (gioco), il bisogno di affetto materno, il bisogno di amare ed essere amati, il bisogno di libertà, il bisogno di potere (amministrativo, economico, politico, religioso), ecc.

I bisogni si attivano periodicamente e sono in grado di spingerci (stantuffo) a trovare modi per soddisfarli. Di solito ci sono diverse esigenze in diversi stati di attivazione; dall'insieme dei nostri bisogni, ad un certo momento, ne emerge uno che si impone come dominante. Il processo di soddisfacimento dei bisogni biologici (*figura 1*) presenta una fase di attivazione-orientamento del bisogno e una di attivazione-supporto energetico dell'azione. Quando abbiamo fame, l'eccitabilità nervosa nei centri dell'ipotalamo inizia ad aumentare di intensità, il che, psicologicamente, equivale alla comparsa dell'impulso motivazionale (vissuto soggettivamente come uno stato di tensione interna).

Abraham Maslow[4], uno psicologo statunitense del novecento, esponente della "psicologia umanistica" cercò di catalogare il processo motivazionale attraverso una scala piramidale dei bisogni, che approfondiremo in seguito.

Scala dei bisogni di Maslow

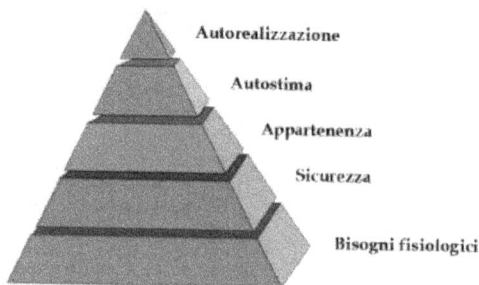

Figura n. 1 Il processo di soddisfazione dei bisogni

---

[4] *Abraham Harold Maslow (New York, 1° aprile 1908 – Menlo Park, 8 giugno 1970) è stato uno psicologo statunitense.*

*Principalmente noto per la sua teoria sulla gerarchizzazione dei bisogni, è collocato dal giornale scientifico The Review of General Psychology al decimo posto tra gli psicologi più citati del XX secolo.

Attraverso i suoi studi comprese che l'impulso determina la comparsa del desiderio di consumare un determinato cibo (rappresentazione visiva del cibo accompagnata da una certa attrazione verso di esso). La valenza è la componente motivazionale data dal rapporto tra la qualità del cibo e il nostro bisogno di cibo; se ci sono condizioni di alimentazione ottimali, la valenza è positiva e agisce come forza di attrazione, ma se, ad esempio, il cibo viene alterato, la valenza è negativa e provocherà un comportamento di evitamento dello stesso. L'impulso generato dalla necessità, orientato dal desiderio e dalla valenza verso un determinato prodotto, diventa la tendenza motivazionale. Infine, attraverso il linguaggio interno formuliamo l'intenzione di agire a seconda dello scopo/bisogno. Dopo aver ingerito una quantità adeguata di cibo, tramite feedback, la tensione iniziale viene ridotta, raggiungendo lo stato di sazietà e ripristinando l'equilibrio fisiologico. Viene quindi eseguito l'aggiustamento di stabilizzazione, attraverso il quale alcune funzioni psicofisiologiche vengono mantenute entro limiti relativamente costanti.

A volte dobbiamo sospendere temporaneamente l'azione, attraverso uno sforzo volontario, per l'esistenza di condizioni restrittive che non consentono il soddisfacimento del bisogno. Altre volte, a causa di alcune attività molto interessanti, "ci dimentichiamo di mangiare", il bisogno di cibo è stato mantenuto, per un po', nella penombra della coscienza.

In caso di esigenze superiori, l'adeguamento avviene attraverso il meccanismo della connessione inversa di tipo positivo (feedbefore), che agisce nel senso di "rompere" l'equilibrio iniziale e ripristinarlo, sempre ad altri livelli qualitativi, nel senso di sviluppo e auto-miglioramento. Attraverso la regolazione dello sviluppo diventa possibile passare da forme di comportamento relativamente semplici a organizzazioni di azione superiore specificamente umane.

Attualmente esistono diversi modelli interpretativo-esplicativi di motivazione, il più noto dei quali è di gran lunga quello dello psicologo americano

Abraham Maslow (1908-1970). Importante rappresentante della prospettiva umanistica in psicologia, Maslow non si è limitato a

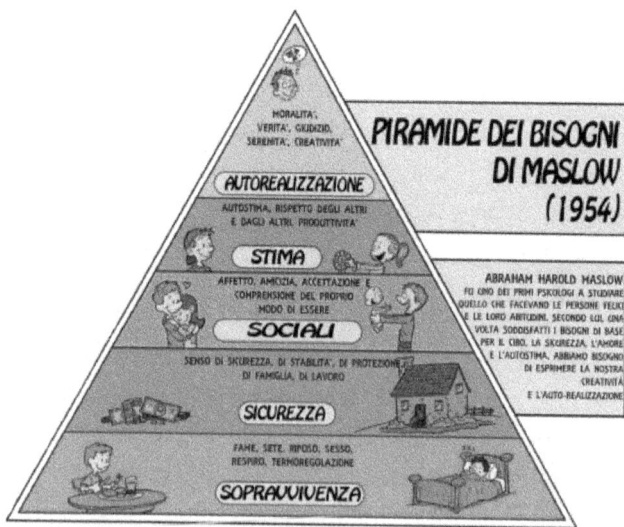

compilare un elenco di bisogni, ma ha sviluppato un modello teorico con applicazioni pratiche, secondo il quale i bisogni sono organizzati e classificati su 5 livelli, un modello noto in psicologia come "la piramide dei bisogni"(*figura n. 2*)

Figura n. 2 Piramide dei bisogni (A.Maslow)

Dalla base della piramide verso l'alto incontriamo i seguenti livelli: bisogni biologici (fabbisogno di ossigeno, cibo, esercizio, riposo, sonno, bisogni sessuali), bisogni di sicurezza (bisogno di protezione fisica, sicurezza emotiva, sicurezza del lavoro), esigenze di affiliazione (la necessità di appartenere a un certo gruppo, squadra, la necessità di avere amici), la necessità di stima e status (la necessità di prestigio, la necessità di una buona reputazione, la necessità di considerazione), il bisogno di autorealizzazione (il bisogno di concordanza tra pensiero e azione, il bisogno di auto-trascendenza). Maslow ha sottolineato che la motivazione delle varie azioni si basa su alcune regole:

- Quanto più spesso un bisogno è soddisfatto, tanto minore è la probabilità che si verifichi e l'attivazione tende a diminuire;

- Durante lo sviluppo psichico l'uomo è motivato prima dai bisogni biologici posti alla base della piramide e solo successivamente da quelli posti alla sommità, la quota dei diversi livelli cambia a seconda dello stadio di sviluppo mentale dell'individuo;

- Un bisogno situato su un gradino più alto riesce a motivare il comportamento solo se i bisogni situati sui gradini inferiori sono stati soddisfatti;

Più un bisogno è alto, più è specificamente umano.

2.2 Le ragioni sono necessità attivate, consapevoli, dirette e completate con un'azione precisa. Le ragioni, attraverso le azioni mirate che determinano, i comportamenti soddisfacenti che innescano, "sviluppano" i bisogni, li fanno conoscere.

A seconda del livello di consapevolezza, le ragioni possono essere consce o inconsce (a volte non ci rendiamo conto della vera ragione delle nostre azioni). Se ci riferiamo al processo psichico coinvolto nel processo motivazionale, distinguiamo le ragioni affettive (il bisogno di essere ammirato e amato, il bisogno di apprezzamento e approvazione sociale, ecc.) Da quelle cognitive (la necessità di stimolazione sensoriale, il bisogno di sapere, ecc.).

A seconda degli effetti comportamentali che producono, le ragioni possono essere positive (lode, incoraggiamento) o negative (colpa, punizione, umiliazione) e, a seconda della fonte generatrice, le ragioni si dividono in ragioni intrinseche e ragioni estrinseche.

Le motivazioni intrinseche hanno la loro fonte nella necessità di orientamento ed esplorazione dell'ambiente che, in giovane età, si manifesta con il riflesso dell'orientamento. Nel caso della motivazione intrinseca, la ricompensa è data dall'attività stessa (la necessità di muoversi, le esigenze legate al gioco, il piacere di apprendere, la necessità di conoscere, la voglia di essere i migliori, di avere successo, ecc.). I motivi estrinseci sono generati da stimoli esterni, la fonte della motivazione, la sua fonte è esterna, ad esempio: lodi, approvazione, rimprovero, punizione, denaro, competizione, desiderio di ottenere voti alti, attaccamento all'insegnante, ecc. Caratteristico per la ragione estrinseca è il fatto che l'attività è un mezzo attraverso il quale l'individuo ottiene la ricompensa o evita una punizione; Nella maggior parte delle situazioni di vita, le nostre azioni sono determinate da una specifica combinazione di motivazioni intrinseche ed estrinseche.

Al fine di realizzare azioni più difficili, come raggiungere un obiettivo, è necessario uno sforzo volontario sostenuto, per consentire di superare gli ostacoli interni ed esterni che si presentano, nel raggiungimento di esso. La volontà interviene sia nel processo decisionale in merito all'azione da intraprendere (navigo in Internet perché voglio o svolgo un'attività obbligatoria perché devo?), Sia nel sostenere la motivazione scelta, mobilitando le risorse energetiche dell'individuo.

2.3 Gli interessi sono stimoli motivazionali che esprimono l'orientamento attivo e relativamente stabile della personalità verso determinati campi di attività, oggetti, persone come sostenuto da Ursula Schiopu[5]. Sono caratterizzati da stabilità, varietà e livello di organizzazione. A differenza dei bisogni, gli interessi sono forme motivazionali specificamente umane che richiedono un certo livello di organizzazione, costanza ed efficienza in termini di attività. Non dobbiamo confondere, ad esempio, il bisogno di guida e di indagine (curiosità istintiva) con l'interesse della conoscenza. Sebbene derivi dal "tronco" del bisogno di indagine, l'interesse della conoscenza è una forma motivazionale complessa che presuppone l'esistenza di componenti cognitive superiori.

Quando siamo interessati a un determinato campo o attività, siamo in grado di compiere sforzi costanti per ottenere la massima efficienza. La ricchezza degli interessi è un indicatore importante del livello di maturità della persona.

2.4 Le convinzioni sono idee con un grande valore motivazionale nella sfera della personalità. La persona che è convinta di un'idea, lotta per il suo sostegno e la divulgazione della stessa. Le convinzioni hanno sempre radici solide all'interno di noi stessi e ci risulta molto complesso qualora dovessimo cambiare opinione.

---

[5] 30 luglio 1918 - 4 marzo 2015) [1] è stata una psicologa, accademica e poetessa rumena. Ha contribuito allo sviluppo della psicologia della pace, della guerra e del terrorismo

2.5 Gli ideali sono modelli mentali anticipatori, individuali o collettivi, con il quale proiettiamo nel futuro, sotto forma di immagini e idee, determinate finalità (obiettivi). Gli ideali sono forze psichiche che integrano e subordinano l'intera sfera motivazionale della personalità. Esempi: l'ideale della vita (scopo e significato della vita), l'ideale dell'educazione, professionale, morale, estetica, ecc.). Gli ideali spesso riscrivono alcune circostanze di vita o organizzazioni sociali con un modello illusorio di perfezione.

B) IL RAPPORTO TRA MOTIVAZIONE E PRESTAZIONI

Lo studio della motivazione ha un significato speciale dal punto di vista del raggiungimento del successo nelle azioni che intraprendiamo. Il rapporto di corrispondenza tra un certo valore dell'intensità della motivazione e un certo livello di difficoltà del compito, è chiamato "ottimo motivazionale". Essere motivati in maniera ottimale significa essere mobilitati in modo da ottenere la massima efficienza nell'attività. Il raggiungimento dello stato di ottimale motivazione dipende da una serie di fattori. Come ad esempio, percepiamo la difficoltà e la complessità di un compito, come valutiamo le nostre possibilità (sottostima, stima corretta e sovrastima), il tipo di sistema nervoso (forte o debole), personalità fattori (tipo temperamentale, tratti caratteriali, ecc.). Se ci riferiamo al modo in cui percepiamo la complessità di alcune azioni, in compiti semplici, con l'aumento dell'intensità della motivazione, aumenta anche il livello di prestazione; Al contrario, in compiti complessi, una maggiore motivazione è associata in una certa misura a un aumento delle prestazioni, dopodiché, all'aumentare dell'intensità della motivazione, le prestazioni iniziano a diminuire.

Quando la difficoltà di un compito è percepita correttamente, ci sono le condizioni affinché l'individuo ottenga risultati superiori nelle azioni che intraprende.

Dal punto di vista della stima delle possibilità di successo, lo stato ottimale di motivazione si ottiene quando una persona valuta correttamente le sue possibilità di successo. Nel caso di una stima errata, lo stato di sotto-motivazione (quando la motivazione è al di sotto del livello delle possibilità) e uno stato di iper-motivazione, (quando il livello di attivazione motivazionale è molto al di sopra delle capacità).

Nella prima situazione, la persona in questione non raggiunge prestazioni notevoli, ed ha un basso livello di aspirazioni, sottovaluta le sue capacità e nella seconda, il desiderio di ottenere prestazioni esageratamente alte, al di là delle possibilità, comporta stati di tensione e irrequietezza, oltre a un maggiore consumo di energia (anche prima della gravidanza).

III. IMMAGINAZIONE E CREATIVITA'

A) CARATTERIZZAZIONE

Per molto tempo, la creatività è stata definita come un processo di combinazione dell'immaginazione, che si adattava solo all'espressione artistica. Ma il processo creativo nella scienza moderna implica diverse sintesi nel campo dell'elaborazione delle idee e nella composizione dei concetti astratti.

Ad esempio un coreografo dimostra la sua immaginazione, e ciò lo si denota infatti dal comportamento di alcuni atleti. Così che oggi, possiamo definire la creatività come un processo psichico il cui risultato è l'ottenimento di alcune reazioni, a nuovi fenomeni psichici anche a livello cognitivo, affettivo o motorio.

Quindi non stiamo parlando di immaginazione/creatività solo nella pittura o nella poesia, ma anche nella matematica o nel balletto. Anche nel regno affettivo, i poeti possono portare un nuovo suono. L'originalità di un poeta, non consiste solo nelle sue metafore o strofe, ma anche nel modo di descrivere situazioni ed eventi differenti, in base al suo trascorso personale. In un certo senso, il poeta romantico ha vissuto l'amore mentre un poeta contemporaneo lo sente, Infatti instillano certi atteggiamenti che a volte diventano una moda.

Ma anche nell'ambito dell'attività organizzativa potremmo decifrare l'intervento della fantasia e quindi della creatività, l'iniziativa creativa non è una novità in termini di azione. I grandi generali immaginarono ingegnosi piani di battaglia, con i quali ottennero clamorose vittorie.

Sebbene lo sviluppo dell'immaginazione ad alto livello sia caratteristico dell'uomo, i suoi segnali, sono stati riscontrati anche nella condotta di animali superiori. Ecco un esempio, narrato da uno scrittore, che aveva un giovane cane con pedigree, a cui piaceva dormire in una poltrona molto comoda. Un giorno, il cucciolo scopre che il suo padrone è seduto sulla sua poltrona preferita. Dopo essersi voltato un paio di volte infelice, si dirige verso la porta di uscita e si lamenta per lasciarlo andare. Lo scrittore si alza e va ad aprire la porta, ma in quel momento il cane si precipita trionfante verso l'ambita poltrona e si accuccia nel suo posto preferito.

Certo, questo trucco era il frutto della sua immaginazione, non avrebbe potuto essere appreso.

La creatività è un'abilità più complessa. Permette di creare prodotti reali o puramente mentali, costituiscono un progresso nel piano sociale sia a livello umano che animale. La componente principale della creatività è l'immaginazione, ma la creazione di valore reale implica anche una motivazione, il desiderio di realizzare qualcosa di nuovo, qualcosa di speciale. E siccome la novità, oggi, non si ottiene facilmente, un'altra componente è la volontà, la perseveranza nel fare numerosi tentativi e verifiche per dare concreta solidità alla creazione di nuovi pensieri.

L'immaginazione, e quindi anche la creatività, richiedono alcuni aspetti:

a) Fluidità, la possibilità di immaginare in breve tempo un gran numero di immagini, idee, situazioni, ecc. Ci sono persone che ci sorprendono con quella che di solito chiamiamo la "ricchezza" di idee, visioni, alcune completamente invadenti, ma a cui non avremmo mai potuto pensare;

b) La plasticità che consiste nella facilità di cambiare il punto di vista, il modo di affrontare un problema, quando una procedura si rivela inoperante (inesplicabile o non applicabile/attuabile); se fermamente avvolti dalle nostre convinzioni, alle volte, risultiamo persone "rigide" che hanno difficoltà a rinunciare a un metodo, anche se inefficace;

c) L'originalità è l'espressione, di novità, di innovazione, lo si osserva, quando si vogliono testare le capacità di qualcuno, sottoponendolo, ad esempio, ad un test scritto, dove si possono osservare la staticità delle risposte nei confronti di una nuova idea. Indubbiamente, pensiamo alla rarità o singolarità di un'idea che possa generare qualcosa di utile, altrimenti dovremmo apprezzare i malati di mente i quali hanno spesso idee bizzarre e assurde e soprattutto irrealizzabili.

Ciascuna di queste tre proprietà ha il suo significato; la caratteristica principale rimane l'originalità, garantendo il valore del risultato del lavoro creativo.

B)   IL RUOLO E I FATTORI DELLA CREATIVITÀ

Non c'è bisogno di dire molto sull'importanza della creatività: tutti i progressi dell'evoluzione umana, dalla scienza, alla tecnologia e all'arte, sono il risultato di spiriti creativi. Ovviamente ci sono diversi livelli di creatività; C.W. Taylor descrive cinque "piani" per la creatività.

a) La creatività espressiva, la quale si manifesta liberamente e spontaneamente nei disegni o nelle costruzioni dei bambini piccoli. Non c'è dubbio, a questo livello, di utilizzo o di originalità. Ma è un ottimo modo per coltivare le capacità creative del bambino, le quali andranno a manifestarsi e perfezionarsi in seguito.

b) Il piano produttivo è il piano per la creazione di oggetti, specifici per il lavoro ordinario. Un vasaio o un tessitore di tappeti producono oggetti la cui forma è realizzata secondo una tradizione, una tecnica ben nota, riducendo il contributo personale. È il piano a cui ha accesso qualsiasi persona che lavora.

c) Il piano inventivo è accessibile a una minoranza molto importante. Questi sono gli inventori, quelle persone che riescono a portare miglioramenti parziali a uno strumento, un dispositivo, ad una teoria controversa. In un grande paese, come il Giappone, vengono registrati più di 100.000 brevetti all'anno, il che garantisce un progresso visibile della produzione.

d) La creatività innovativa. Troviamo creatività innovativa nelle persone caratterizzate come "talenti". Creano opere la cui originalità è notata almeno a livello nazionale.

e) il piano della creatività emergente è la caratteristica del genio, dell'uomo che porta cambiamenti radicali, rivoluzionari, in un campo e la cui personalità si impone su più generazioni.

A parte questi aspetti, se non la creatività, almeno l'immaginazione è necessaria per ciascuno di noi nelle condizioni di vita ordinaria. Un team di psicologi dell'Università di Harvard ha studiato le caratteristiche mentali dei lavoratori instabili, coloro che creano la fluttuazione della forza lavoro, un aspetto imbarazzante per i manager aziendali.

Ci sono persone che non trovano facilmente una stabilità lavorativa come ad esempio C'è chi oggi lavora in una fabbrica, ma dopo un mese o due va altrove, ma anche qui non resta a lungo ecc.

Lo studio condotto ad Harvard ha mostrato che la maggior parte di loro mancava di immaginazione, nel senso di non essere in grado di immaginare come la maggior parte delle persone, definendo una categoria di individui che vedono le cose in modo diverso, che hanno opinioni diverse, valori diversi. Chiamiamo la capacità di identificarsi con una persona e riuscire a vedere il mondo con i suoi occhi, con la sua mentalità - empatia. L'empatia richiede un po 'di immaginazione, ma ai lavoratori sopra menzionati mancava una certa dote empatica ed è per questo che avevano numerosi malintesi sul posto di lavoro, fraintendimenti che hanno portato a cambiare azienda o addirittura a licenziarsi senza un'alternativa lavorativa. L'assenza di capacità empatica spiegherebbe, secondo gli stessi ricercatori, anche un numero considerevole di divorzi, alcuni dei coniugi che non riescono ad entrare in empatia, quindi ad immedesimarsi nel partner non riuscendo ad immaginare altri desideri, altri interessi oltre a quelli personali. Tale incapacità spesso diventa fonte di conflitto, sia nella coppia o nei rapporti familiari come anche in un gruppo di lavoro. Ecco che, per stimolare almeno questa forma di empatia, la fantasia è una proprietà preziosa, un ingrediente importante per un'armoniosa convivenza.

Per quanto riguarda i fattori di creatività, possiamo parlare, prima di tutto, di abilità per la creazione. Ci sono alcune strutture cerebrali, che non conosciamo, che favoriscono l'immaginazione, creano predisposizioni di diverso grado per la sintesi di nuove immagini, nuove idee. Tuttavia, ci vuole l'intervento dell'ambiente, dell'esperienza per far nascere quello che chiamiamo talento creativo. Alcuni addirittura esagerano il ruolo del lavoro nella creazione, ad esempio, Thomas Edison, il noto inventore, ha affermato che il risultato del genio è composto dal 99% di sudore e per il solo 1% di ispirazione. Questo punto di vista è giustificato dalle specificità del suo campo, le invenzioni tecniche, perché ha dovuto provare oltre 3.000 sostanze fino a raggiungere la più resistente al voltaggio della lampadina (solo successivamente è stato scoperto il filamento di carbonio). Ma la tesi di Edison non si applica a Mozart, che ha saputo scrivere una sonata in pochi giorni. Il lavoro è necessario, ma non esattamente nella proporzione prevista dal famoso inventore.

Indubbiamente, un secondo fattore che va ricordato è l'esperienza, la conoscenza acquisita, ciò che conta non è solo la quantità, la ricchezza dell'esperienza, ma anche la sua varietà. Molte scoperte in un campo sono state suggerite da soluzioni trovate in un'altra disciplina. Non è un caso che la pedagogia insista sul valore della cultura generale.

Esistono due tipi di esperienze:

a) un'esperienza diretta, accumulata attraverso il contatto diretto con fenomeni o attraverso discussioni personali con specialisti.

b) un'esperienza indiretta, ottenuta leggendo libri o ascoltando presentazioni.

La prima forma ha un'eco psichico più forte, il che non significa che i libri debbano essere trascurati, tuttavia ci mette in contatto con grandi menti che risplendono nel corso di molti secoli.

Possono essere considerati fattori interni dello sviluppo della creatività, della motivazione e della volontà, menzionati quando abbiamo fatto riferimento alla sua struttura. L'aumento del desiderio, dell'interesse per la creazione, nonché della forza per superare gli ostacoli ha, ovviamente, un ruolo notevole nel sostenere l'attività creativa.

Per quanto riguarda il ruolo dell'intelligenza, la situazione è meno chiara, anche se è ovvio che nel campo della scienza la presenza è innegabile. Secondo gli studi, il rapporto tra intelligenza e creatività è particolarmente complesso. Test di intelligenza e creatività sono stati applicati a un gran numero di soggetti. Sono state ottenute correlazioni significative, ma piuttosto modeste. L'analisi dei risultati ha mostrato che tra i soggetti con elevato quoziente intellettivo (QI) ce ne sono alcuni con bassi livelli di creatività.

Invece nei soggetti con alte prestazioni creative non sempre sono stati riscontrati QI elevati, da qui la conclusione sull'importanza del bisogno creativo nella realizzazione dell'individuo

Allo stesso tempo, si scopre che lo spirito creativo non è coinvolto in certi tipi d'intelligenza o mentalità? (pensiero critico).

In ultima analisi, la società nella quale cresciamo e con la quale ci confrontiamo ogni giorno, ha un'influenza particolarmente importante per il fiorire dello spirito creativo in un campo o nell'altro, prima di tutto, entrano in gioco le esigenze sociali.

Durante l'epoca brillante del Rinascimento italiano, nel campo della pittura e della scultura, si spiega con l'arricchimento dei mercanti, che comportò l'esigenza di costruire palazzi adornati di dipinti e sculture, che stimolarono i talenti sempre esistenti in un popolo, invitandoli ad emergere; furono create scuole illustri che consentirono a queste arti di raggiungere delle vette imponenti. Nel nostro secolo, al contrario, gli interessi della società sono stati diretti verso il progresso della tecnologia, che sta vivendo uno sviluppo senza precedenti.

Un altro fattore determinante nello stimolare la creatività è il grado di sviluppo della scienza, della tecnologia, dell'arte. Ad esempio, la forza del vapore è nota fin dall'antichità, esistevano giocattoli che si muovevano a causa della pressione del vapore. Per esempio in Medio Oriente, il dio Baai Moroen, era rappresentato da un'enorme statua di bronzo, durante i giorni di festa dedicati alla sua divinazione, veniva acceso un grande fuoco alla base di questa statua, la quale grazie al calore/vapore iniziava a muovere le mani e ad emettere un suono spaventoso. I sacerdoti sapevano che il fuoco stava riscaldando fortemente un contenitore con acqua, e che il vapore premeva su alcuni lembi del meccanismo interno della statua, azionando il movimento delle loro mani, ma era un segreto gelosamente custodito.

In termini di produzione, il materiale, era realizzato da schiavi e non c'era alcuna preoccupazione per facilitare il loro lavoro.

All'inizio del XVIII secolo, con lo sviluppo della produzione, avvenne la divisione del lavoro, semplificando le operazioni eseguite da un operaio, quindi è stato possibile delineare con più chiarezza l'idea di utilizzare la forza del vapore per muovere alcuni meccanismi, eseguendo semplici movimenti rettilinei o circolari. Inoltre, Einstein non avrebbe potuto formulare la sua teoria della relatività se altri scienziati, prima di lui, non avessero eseguito una serie di esperimenti il cui risultato non poteva essere spiegato dalle leggi meccaniche allora conosciute.

Spesso c'è una forte influenza diretta esercitata dai predecessori, dagli insegnanti, Socrate, ad esempio ha influenzato Platone, Hayden ha ispirato Beethoven. Anche se in seguito lo studente si allontana dai modelli iniziali, gli insegnamenti hanno un ruolo speciale nella formazione dei giovani.

Purtroppo, la società può anche avere la funzione di freno allo sviluppo della conoscenza e della creatività. Ricordiamo le persecuzioni delle Inquisizioni e dell'intolleranza italiana o stalinista, che ostacolarono il progresso delle scienze sociali e biologiche.

C) SVILUPPARE LA CREATIVITÀ

Per molto tempo, la creatività è stata considerata l'appoggio esclusivo di una piccola minoranza, ma distinguendo diversi passaggi qualitativi nell'attività creativa e osservando come gli sforzi del pensiero elementare, implica qualcosa di nuovo, almeno per la persona in una situazione di stallo, oggi non c'è netta separazione tra l'uomo ordinario e il creatore. Qualsiasi persona può apportare un miglioramento al proprio lavoro, una piccola innovazione o invenzione. A riprova che, in molti casi, il numero degli inventori di brevetti è dell'ordine di decine di decine e addirittura di centinaia di migliaia. Per raggiungere certe prestazioni, è necessaria una particolare attenzione e condizioni favorevoli per lo sviluppo dell'immaginazione. Infatti, oggi assistiamo all'apertura di "corsi di creatività" e anche di "scuole di invenzione". Allora cosa si può fare per stimolare la creatività?

In primo luogo, dobbiamo essere consapevoli e combattere alcuni ostacoli mentali che si possono presentare sulla via della manifestazione dell'immaginazione e della creatività. Tali ostacoli esterni o interni all'individuo sono solitamente chiamati blocchi o trappole mentali (nella pratica mindfulness).

a) Blocchi della creatività

1) Per prima cosa, vengono menzionati i blocchi culturali. Ad esempio la persona conformista, ovvero colui che desidera visceralmente l'uniformità del comportamento e del pensiero di tutte le persone esistenti attualmente sul pianeta si comportino e pensino allo stesso modo. Il pensiero conformista giudica in modo negativo le persone con idee o comportamenti diversi dalla massa o di una certa appartenenza politica, i quali sono visti con sospetto e persino vittime di manifestazioni di disapprovazione, il che è scoraggiante per qualsiasi espressione creativa e quindi evolutiva dell'uomo.

Viviamo in un secolo dove il pensiero comune manifesta generalmente una sfiducia nella fantasia e un apprezzamento esagerato della ragione logica, del ragionamento, del dimostrabile. Ma, vedremo che le deduzioni rigorose, non consentono un progresso reale a meno che non sostengano i risultati di alcune costruzioni o di alcune operazioni immaginarie, anche la matematica non può progredire senza fantasia. Questo atteggiamento scettico, osservato sia nella gente comune che in quella colta, potrebbe avere origine nell'esistenza di individui dotati di ricca immaginazione, ma comodi, pigri, che non fanno nemmeno il proprio lavoro in modo corretto, figuriamoci se si cimentino nella creazione di opere di valore, al massimo possono intrattenere un gruppo ad una festa riproponendo la solita e scontata barzelletta.

2) I blocchi metodologici sono quelli che risultano dai processi di pensiero. Questo è il caso della rigidità dovuta dagli algoritmi precedenti. Un algoritmo è una strategia costituita da una sequenza determinata di operazioni o azioni, che consentono di

risolvere una certa categoria di problemi. Siamo abituati ad applicare un certo algoritmo in una determinata situazione o circostanza incontrata e, sebbene inizialmente non sembri adattarsi, insistiamo con metodo per applicarlo, invece di provare qualcos'altro. Inoltre, ci sono casi di fissità funzionale: usiamo oggetti e strumenti secondo la loro funzione abituale e non ci viene in mente di usarli in modo diverso. Facciamo un semplice esempio: durante la guerra un gruppo di soldati si accampò in una casa abbandonata in un paese evacuato dal nemico, erano rimaste diverse sedie, ma non c'era un tavolo. Per diversi giorni i soldati hanno lottato per mangiare in braccio perché senza un tavolo, finché a qualcuno è venuta l'idea di togliere la porta dai cardini e, appoggiandola su quattro sedie, hanno realizzato un comodissimo tavolo. Questa idea è arrivata molto tardi, perché per tutti noi, la funzione della porta è quella di chiudere una stanza e non di servire da tavolo per il cibo. Anche in questa categoria di blocchi troviamo la critica prematura, evidenziata da Al. Obsborn, uno dei promotori della coltivazione della creatività. Quando pensiamo di risolvere un problema complesso, scrive, ci sono momenti in cui tutti i tipi di idee vengono da noi, non appena appare un suggerimento, iniziamo a discutere retoricamente il suo valore, questo atto blocca l'avvento di altre idee nella coscienza. E poiché il primo suggerimento di solito non è il migliore, siamo a un punto morto. Quando l'immaginazione attraversa un momento di effervescenza, lasciamo che le idee fluiscano e proviamo ad imprimerle su carta scrivendole, solo dopo questa fonte di secca ispirazione, passiamo all'esame analitico di ciascuna. Osborn lo chiamava il processo di *brainstorming*, che nella traduzione letteraria sarebbe "tempesta, assalto cervello "- nella nostra lingua o filosofia lo definiamo" l'assalto delle idee "o" valutazione ritardata ". Il brainstorming può essere utilizzato nel lavoro individuale, ma si conosce principalmente attraverso un'attività di gruppo, di cui parleremo subito.

3) Infine, ci sono anche i blocchi emotivi, perché, come è noto, i fattori affettivi hanno un'influenza importante: la paura di sbagliare, di essere deriso, può impedire in certi casi di esprimere e sviluppare un punto di vista insolito e innovativo. Inoltre, spesso si cade nella fretta di accettare la prima idea come vincente, ma raramente la soluzione o una strategia risolutiva appare dall'inizio.

Alcuni tipi di caratteri si sentono rapidamente scoraggiati, dato che il lavoro creativo e innovativo è difficile e richiede sforzi a lungo termine. La costanza e la perseveranza, il più delle volte determinano il successo o l'insuccesso di una nuova idea o progetto.

Nei caratteri ambiziosi ed eccessivamente competitivi si può verificare la tendenza ad esagerare, spinti dal bisogno di superare gli altri, perché percepiti come ostacoli al proprio successo. Ciò implica di cadere in una trappola mentale perfezionista, la quale porta al danneggiamento e al rallentamento della conclusione del processo creativo. Il consiglio è di evitare idee troppo speciali che portano alla creazione di percorsi eccessivamente arzigogolati confondendoli con l'espressione creativa. In tutti i casi una mancanza di equilibrio non può far altro che perdere di vista lo scopo.

b) METODI PER STIMOLARE LA CREATIVITÀ

L'ispirazione a sviluppare lo spirito creativo, sia nella storia che nell'era moderna, ha portato alla progettazione di metodi differenti che, da un lato, combattano i blocchi mentali e, dall'altro, favoriscono la libera associazione di idee, incrociandole per renderle possibili, attingendo così le risorse dell'inconscio e della parte creativa.

- Uno dei più popolari è il *brainstorming* che ho menzionato sopra, il quale viene utilizzato in un'attività di gruppo, molto conosciuto in ambiti aziendali di realtà commerciali o produttive strutturate, ma estremamente efficace anche in progetti di natura sociale o informatica.

Ecco come funziona: ipotizziamo che sia sorto un problema difficile da risolvere, in una fabbrica o in un'Azienda di natura commerciale e si sia deciso di convocare il gruppo di brainstorming con l'obiettivo di creare la strategia più idonea per risolvere al meglio la problematica; viene inviata una convocazione ai membri specificando il tema, i punti di criticità, il giorno, l'ora e il luogo della riunione. Le rispettive persone sono state selezionate accuratamente, per doti caratteriali, competenze, capacità di problem solving, con l'obiettivo di creare un confronto tra mentalità e professionalità differenti tra loro. Quindi, nella nostra ipotesi verranno chiamati al confronto, oltre agli ingegneri, un biologo, un giornalista, uno storico, un agronomo, un fisico, uno psicologo del lavoro e un addetto al verbale di riunione, assicurandosi così, una densa varietà di punti di vista. Questi specialisti prenderanno atto della natura del problema trasformandolo in una questione da risolvere sollevando quesiti, ma senza offrire soluzioni specifiche nel corso dell'incontro. Infatti, durante la riunione verranno fatti accomodare attorno ad un tavolo, e dopo aver preso contatto tra loro, inizierà la sessione vera e propria, guidata da un mediatore o negoziatore che di solito è un esperto di business coaching o un esperto di counseling aziendale, il quale si occuperà successivamente di correggere e verificare il verbale di riunione. Generalmente, le quattro regole del brainstorming efficace sono solitamente scritte su una grande lavagna:

"il giudizio critico è escluso";

"quante più idee possibili";

"dai libero sfogo alla fantasia";

"accostamenti e migliorie sono ben accetti".

Il mediatore apre la conversazione invitando i partecipanti a tirar fuori i pensieri che attraversano la mente dei presenti senza alcuna selezione o preoccupazione per l'eventuale assenza di soluzione. Uno dei presenti, di solito il più empatico, inizierà ad esprimere tutto ciò che gli viene in mente in relazione al problema da risolvere, di seguito, inizierà un altro, seguito dal terzo e così via, senza sollevare pareri sulle esposizioni dei colleghi al fine di evitare discussioni improduttive e dannose al gruppo di lavoro. Ad un certo momento nell'arco di circa 45-60 minuti le idee si esauriranno, l'ispirazione dei partecipanti si spegnerà e l'incontro giunge al termine. Il mediatore nella parte del congedo inviterà i partecipanti, a comunicare ulteriori idee e riflessioni sull'argomento, fissando la data dell'incontro successivo.

Ogni partecipante, al termine dell'incontro proverà una sensazione quasi di smarrimento per non aver delineato una strategia chiara per la soluzione del problema, le loro menti inizieranno a riflettere e si concentreranno sulle ipotesi di soluzione percorribile, accedendo al bagaglio creativo. La mente una volta accesa non si ferma ed avanza creando percorsi risolutivi.

Successivamente, il mediatore invierà il verbale di riunione contenente l'elenco di tutte le idee emerse durante il primo incontro, agli specialisti dell'Azienda che rifletteranno e prenderanno spunti dalle idee dei colleghi confrontandole con le proprie, preparandosi così inconsciamente alle ipotesi di soluzioni creative.

Il secondo incontro si svolgerà in un tempo più ristretto e non supererà i 20 minuti, i partecipanti saranno in grado di offrire soluzioni strutturate, perché avranno trasformato le idee in strategie, attingendo alla loro creatività con l'obiettivo di aver delineato una soluzione ottimale al problema iniziale.

Il metodo spesso dà buoni risultati, altrimenti non sarebbe usato regolarmente nelle imprese e negli istituti. Comunicare idee in un gruppo ha il vantaggio di intersecare associazioni benefiche ad un altro, può aprire nella mente del singolo un nuovo orizzonte, dando la possibilità alla persona di formulare opinioni che non sarebbero venute in mente se avessero lavorato da soli. Molteplici esperienze regolari hanno dimostrato che, lavorando in un gruppo, si producono più idee, si trovano più soluzioni. Naturalmente, non tutti i problemi possono essere affrontati nel modo in cui appaiono inizialmente, specialmente quelli che richiedono la scrittura e anche non in ogni frase, ma solo quando l'impasse è ben definita.

- Un altro metodo associativo per stimolare la creatività nell'ambito della risoluzione ad una determinata problematica è la _sinettica_ proposta da W. J.J.Gordon nel 1961 (inventore e psicologo). Il quale credeva fermamente nel valore della psicoanalisi e quindi del ruolo decisivo dell'inconscio nell'espressione creativa per analogie.

Questa tecnica si basa su un principio di antitesi delle percezioni o meglio, far percepire una sfera conosciuta come ignota e viceversa, attraverso un percorso mentale strutturato seguendo un metodo di lavoro di gruppo.

Tale metodo richiede una presenza dei soggetti limitata tra i 6/8 partecipanti ed il gruppo di lavoro dovrà essere guidato severamente da un singolo esperto munito di due grandi lavagne che di seguito chiameremo per semplificare "relatore".

Il relatore avrà la capacità di guidare la sfera inconscia ed emotiva dei partecipanti attraverso un percorso suddiviso in nove fasi:

1 Centrare il problema, il relatore scriverà con parole semplici la natura del problema su una delle lavagne la quale dovrà essere visibile a tutti i partecipanti.

2 analisi e spiegazione del problema da parte del relatore coinvolgendo i partecipanti ad una raccolta di idee pertinenti al problema come già descritto nel metodo brainstorming e trascriverà sulla seconda lavagna i concetti espressi dal gruppo.

3 discussione del problema, il relatore combinerà tra loro le idee espresse dai partecipanti e le metterà in relazione con la natura del problema descritto nella prima lavagna escludendo le idee di scarsa pertinenza.

4 identificazione degli obiettivi, il relatore chiederà ad ogni singolo partecipante quali obiettivi primari devono e possono essere raggiunti per arginare il problema iniziale.

5 isolamento dell'analogia più pertinente, il relatore dopo aver selezionato gli obiettivi reputati percorribili trascrivendoli sulla lavagna, inviterà i singoli partecipanti a ristrutturare tali obiettivi

per analogie e metafore, le più pertinenti verranno trascritte sulla lavagna.

6 creazione di analogie stravolgenti, il relatore guiderà i partecipanti ad immedesimarsi personalmente nelle analogie più pertinenti, da un punto di vista emozionale, allontanando la mente dei partecipanti dal razionale approccio iniziale al problema.

7 conduzione di analogie dirette, il relatore effettuerà una comparazione stravolgente attraverso l'accostamento delle analogie isolate nel punto 5 se pur di natura estremamente differente tra loro;

8 concatenazione artificiosa tra le analogie e il problema iniziale,

9 ipotesi di soluzione elaborata e schematizzata, sarà compito del relatore costruire la soluzione più adeguata alla risoluzione del problema iniziale elaborando uno schema di azioni da intraprendere basandosi sulle espressioni creative emerse dai partecipanti.

Questo metodo è utilizzato in alcune sfere dell'insegnamento di materie a carattere scientifico-matematico, poco utilizzato nelle Aziende per via dell'enorme dispiego di tempo che richiedono tutte le fasi, e per le abilità di guida necessarie del relatore. In assenza di tali abilità negoziali, capacità di analisi, empatiche e di esperienza, questo metodo risulterà confusionario ed inefficace.

Poiché, secondo questa dottrina, il "sé" è espresso in metafore, al centro dell'attenzione c'è lo sforzo di trovare metafore con il problema presentato. Innanzitutto, viene emesso il "suono familiare", ovvero le difficoltà del problema sono ben chiarite. Allora il "familiare" si trasforma in qualcosa di estraneo ", cioè si cercano metafore, confronti, e personificazioni. Ad esempio, se si studia il miglioramento di un carburatore, si immagina che sia "un polmone quando è raro e profondo, quando è superficiale e veloce"; qualcun altro invoca "l'osso di balena, dopo una forte ispirazione, non respira a lungo" ecc. Dopo aver formulato circa 20 analogie-metafore, le stesse persone studiano insieme al relatore la soluzione ottimale del problema, suggerita dall'una o dall'altra metafora. Questa è la parte più difficile, richiede diverse ore e una prolungata concentrazione da parte dei partecipanti. Ci sono altri metodi in cui non vengono utilizzate le libere associazioni, ma viene stimolata la creatività attraverso il gruppo.

- *Metodo Brainwriting 6-3-5*. Definita anche "scrittura del cervello'' Si tratta di una tecnica di brainstorming scritto e vincolato da un severo spazio temporale. Tale metodo è stato sviluppato da Bernd Rohrbach (esperto di Marketing Tedesco) nel 1963, il quale aveva notato che spesso i membri di un team di lavoro incontravano difficoltà ad esprimere le proprie idee durante le riunioni perché introversi o semplicemente riluttanti nel parlare in pubblico. B.Rohrbach elaborò un metodo basato sulla scrittura veloce applicato ad una cerchia ristretta di partecipanti; 6 partecipanti, 3 idee, 5 minuti per sessione, il tutto elaborato In fogli di lavoro.

Mi spiego meglio, in primo luogo viene preparato il PDL (piano di lavoro) che non è altro che un foglio (preferibilmente un A3) suddiviso da una griglia in 6 caselle vuote, con un titolo che descrive la natura del progetto o il problema da risolvere.

Prima di iniziare le sessioni ad ogni partecipante ne verrà data una copia identica.

In questo caso il relatore avrà il compito di invitare i componenti del gruppo a rilassarsi, anche attraverso delle tecniche di respirazione e di evitare di giudicare il lavoro altrui, ma di utilizzarlo come fonte di ispirazione, inoltre si occuperà di scandire il tempo di ogni sessione ed informare puntualmente i partecipanti.

Il compito dei partecipanti sarà quello di esprimere tre idee per sessione all'interno di un'unica casella, utilizzando parole, frasi e disegni in un tempo massimo di 5 minuti.

Al termine della prima sessione i partecipanti consegneranno il loro foglio alla persona sulla loro destra e riceveranno un altro foglio consegnatogli dalla persona alla loro sinistra.

Quindi ogni membro del gruppo leggerà le idee rappresentate dal collega e avrà altri 5 minuti per esprimere ulteriori tre idee sul foglio ricevuto.

Il tutto si ripeterà per sei sessioni, al termine delle quali la somma delle idee prodotte dal gruppo sarà di 108.

Al termine dei 30 minuti complessivi necessari allo svolgimento di tutte le sessioni previste, il relatore leggerà ad alta voce le rappresentazioni espresse dai partecipanti coinvolgendoli nella spiegazione delle stesse con l'obiettivo di far scegliere le idee migliori ai partecipanti stessi.

Tale metodo viene utilizzato spesso sia in aziende strutturate che di piccolo dimensioni, molto apprezzato anche per creare temi su canzoni e nuove idee di start Up.

- *Phillips 6-6*

✓ Presentazione di un problema o problema da parte del formatore.

✓ Relazione sull'uso della tecnica e sulla limitazione di tempo per ogni sottogruppo per adeguare il proprio lavoro a queste limitazioni.

✓ Il gruppo è suddiviso in sottogruppi di 6 persone ciascuno, per proporre possibili soluzioni o idee.

✓ Ciascuno dei membri del gruppo presenta la propria opinione per un minuto.

✓ Ogni gruppo sceglie un portavoce incaricato di registrare, riassumere e presentare le opinioni del sottogruppo al resto dei partecipanti.

✓ Dopo aver letto tutti i rapporti, vengono discusse le conclusioni presentate dal portavoce di ogni sottogruppo.

✓ Il formatore cerca di integrare il lavoro svolto dai diversi sottogruppi.

✓ Ogni sottogruppo elegge un rappresentante che si incontra con i rappresentanti degli altri gruppi per cercare di raggiungere una proposta di consenso tra tutti.

✓ Infine, ogni rappresentante presenta al proprio sottogruppo la proposta pervenuta.

È anche un metodo pensato per consultare un gran numero di persone. Questa folla si divide in 6 persone e discuterà la questione per 6 minuti. In primo luogo, il facilitatore spiega il metodo e il suo vantaggio, quindi spiega il problema. L'obiettivo è che i gruppi siano il più eterogenei possibile. Ciascuno sceglie un coordinatore e parla per 6 minuti. Dopo tutto, ogni gruppo annuncia la sua opinione. Ne seguirà una discussione generale, dopo la quale si tratta la conclusione. In questo modo, in breve tempo, viene consultato il parere di molti: 4-5 minuti l'organizzazione, 6 minuti la discussione collettiva, 2 minuti ciascuno riporta il risultato; se ci sono 10 gruppi = 20 minuti. Quindi abbiamo circa 30 minuti. La discussione finale può durare 30 minuti, quindi in circa un'ora puoi riassumere le opinioni di 60 persone. Quando si tratta di un problema complesso, è possibile organizzare gruppi di 4 membri, con 15 minuti.

- *La conversazione panel.* Il termine *panel* significa "giurati" in inglese. E in questo caso si tratta della partecipazione di comunità più grandi. La discussione vera e propria si svolge in un piccolo gruppo ("giurati"), ed è composto da persone competenti nel settore. Gli altri possono essere dozzine di persone che ascoltano in silenzio ciò che viene discusso. Possono intervenire attraverso i ticket inviati ai "giurati". A volte i biglietti sono di carta colorata: quelli blu contengono domande, quelli bianchi - suggerimenti, quelli rossi - opinioni personali. I messaggi vengono ricevuti da uno dei membri partecipanti al dibattito, che introduce nella discussione il contenuto di una nota quando si presenta un momento favorevole (si chiama "message injector"). La discussione è guidata da un "animatore". Dopo tutto, le persone nella stanza possono intervenire direttamente, oralmente. In conclusione, l'animatore fa una sintesi e trae conclusioni.

Le tavole rotonde sono organizzate quasi quotidianamente dalle emittenti televisive. L'auditor (decine di migliaia di persone) segue la discussione a casa e può intervenire telefonicamente. Quello che manca alle discussioni televisive sono le sintesi e le conclusioni dell'animatore, tutto resta nell'aria e i cittadini non sanno cosa credere! In effetti, non ci sono discussioni dopo la creazione, ma solo le informazioni.

a) Sviluppo della creatività nell'educazione

Finché la creazione è stata considerata un privilegio ereditario acquisito da una minoranza, la scuola non ha prestato particolare attenzione a questo aspetto, anche se, è vero, qua e là sono state create classi speciali per super dotati. Da quando è stato dimostrato che gli automatismi controllati dal computer svolgono tutti i lavori monotoni e stereotipati e quindi l'uomo ha più compiti di miglioramento, rinnovamento, coltivare il pensiero innovativo è diventato un compito importante delle scuole tradizionali. Oltre allo sforzo tradizionale di educare il pensiero critico, anche lo stimolo della fantasia appare come uno degli obiettivi principali. Ciò implica cambiamenti importanti, sia nella mentalità degli insegnanti che in termini di metodi di istruzione e formazione.

Innanzitutto bisogna cambiare il clima, per eliminare i blocchi culturali ed emotivi, forti nella scuola del passato. Sono necessarie relazioni distinte e democratiche tra studenti e insegnanti, il che non significa abbassare lo status sociale di questi ultimi. Inoltre il metodo di insegnamento volto allo stimolo della creatività, dovrebbe richiedere la partecipazione, l'iniziativa degli studenti, che riguarda quei metodi attivi. Infine, anche la fantasia deve essere adeguatamente apprezzata, insieme alla validità della conoscenza, al ragionamento rigoroso e al pensiero critico.

IV. INTELLIGENZA

Come tutti sappiamo, il termine *INTELLIGENCE* deriva dal latino *INTELLIGERE*, che significa CAPIRE, mettere in relazione, organizzare o da COMPRENSIONE, che implica la capacità di stabilire correlazione tra elementi o concetti differenti.

Anche la terminologia suggerisce che l'intelligenza va oltre il pensiero che si limita a stabilire le relazioni tra le proprietà essenziali di obiettivi e fenomeni e non le sole relazioni tra argomenti. Quanto complesso sia questo aspetto della personalità emerge dal suo approccio alla storia della filosofia, e della psicologia e religione. Le opinioni sull'intelligenza sono andate dall'accettare e sottolineare l'importanza del suo ruolo nella conoscenza, al diminuire il suo significato o addirittura eliminarlo dall'esistenza umana.

Socrate e Platone credevano che l'intelligenza permettesse all'uomo di comprendere l'ordine del mondo e di guidare se stesso, Buddha sosteneva la liberazione dell'uomo dall'intelligenza per raggiungere la più alta forma di felicità. Per il pensiero occidentale, dall'approccio scientifico, l'intelligenza sembrava essere l'attributo essenziale fondamentale dell'uomo, che fa dell'uomo ciò che è, per il pensiero orientale, l'intelligenza è stata ridotta al minimo. Anche le funzioni dell'intelligenza sono state molto controverse nei vari studi e approfondimenti, alcuni autori hanno espresso una fiducia quasi illimitata nel potere dell'intelligenza, altri minimizzati. Per Hegel (filosofo tedesco 1770-1831) l'intelligenza era un guardiano dell'intera vita psichica sostenendo che "la verità e la razionalità del cuore e della volontà si possono trovare solo nell'universalità dell'intelligenza e non nella singolarità del sentimento", per Montaigne (filosofo e politico francese 1533-1592) secondo la sua filosofia della contraddizione, l'intelligenza forma immagini sbagliate su Dio, sulle persone, piuttosto che sul mondo, per questo essa bisogna puntare su se stessa, mentre le opinioni che riguardano il rapporto tra intelligenza e altre funzioni psichiche sono divise. Per Montaigne "Filosofare è apprendere a morire"

I.Kant (filosofo tedesco 1724-1804) definisce l'intelligenza come "tutti i pensieri presuppongono io penso" intesa come la capacità di sintesi che ha l'intelletto, quindi si potrebbe interpretare che l'intelligenza sia racchiusa nella capacità di riordinare i pensieri in unione con la sensibilità, solo da questa compenetrazione totale e assoluta che scaturisce la conoscenza. Leonardo Da Vinci aveva collegato l'intelligenza al sensibile, prima di Kant. Cadillac, il sensuale per il quale ogni conoscenza viene prima dei sensi, aggiunge che l'intelligenza appare come un distillatore, come un meccanismo che permette l'affinamento della materia prima fornita dai sensi. Pascal crede che l'intelligenza sia inibita da un'affettività traboccante. E Shopenhauer vede l'intelligenza come subordinata alla volontà, unico elemento primario e fondamentale.

Tutte queste opinioni contraddittorie hanno influenzato la definizione di intelligenza e la definizione delle sue componenti e funzioni.

Cartesio ispiratore di molti filosofi prima di lui, sembra aver dato la definizione più vicina alla moderna comprensione dell'intelligenza. Il filosofo francese ha definito l'intelligenza: "il mezzo per acquisire una scienza perfetta di un'infinità di cose." In questa definizione troviamo l'intuizione delle due attuali posizioni della nozione di intelligenza: come un complesso sistema di operazioni; come attitudine generale; Parlando di intelligenza come un sistema complesso di operazioni che condiziona l'approccio generale e la soluzione di varie situazioni e compiti problematici, consideriamo operazioni e abilità, quali: adattamento a nuove situazioni, deduzione e generalizzazione, correlazione e integrazione tra un insieme unitario di relativamente parti disparate, le conseguenze e l'anticipazione del risultato, il rapido confronto delle varianti di azione e il mantenimento di quella ottimale, la corretta e facile soluzione di alcuni problemi con gradi di difficoltà crescenti. Tutte queste capacità e operazioni rivelano almeno tre fondamentali caratteristiche dell'intelligenza:

1. la capacità di risolvere nuove situazioni;

2. la sua velocità, mobilità, duttilità, flessibilità;

3. Adattabilità adeguata ed efficiente alle circostanze (Pierre Janet lo ha definito come comportamento appropriato)

L'intelligenza appare come una qualità dell'intera attività mentale, come l'espressione dell'organizzazione superiore di tutti i processi psichici, compresi quelli affettivo - motivazionali e valutativi. Man mano che i meccanismi e le operazioni di tutte le altre funzioni psichiche si formano e si sviluppano, incontreremo un'intelligenza flessibile ed elastica.

Leibniz intuisce al meglio questo aspetto, riferendosi all'intelligenza come espressione dello sforzo evolutivo della coscienza. In psicologia, Piaget ha magistralmente descritto questa caratteristica nella sua epistemologia genetica.

All'inizio del nostro secolo, lo psicologo inglese C.Sperman ha distinto, nella serie delle abilità umane, un fattore G (generale) che partecipa allo svolgimento di tutti i fenomeni di attività, e numerosi fattori S (speciali), che corrispondono, operativamente, solo alle condizioni concrete di attività rispettivamente (scientifica, artistica, sportiva, ecc.). Il fattore generale è intellettuale, poiché la comprensione e la risoluzione dei problemi è necessaria in qualsiasi attività. Ecco perché il fattore G è stato confuso con l'intelligenza.

Il termine intelligenza ha una doppia accezione: da un lato il processo di assimilazione ed elaborazione di informazioni variabili, al fine di effettuare adattamenti ottimali, e dall'altro, attitudine residente in strutture operative dotate di determinate qualità (complessità, fluidità, flessibilità)., produttività), che garantisce efficienza di guida. Queste qualità sono caratteristiche del soggetto, rappresentano invariabili che possono essere valutate statisticamente e sono situazioni a un certo livello o rango di valore funzionale. L'intelligenza appare così come un sistema di proprietà stabili proprie del soggetto individuale e che nell'uomo si manifesta nella qualità dell'attività intellettuale centrata sul pensiero. Il processo centrale del pensiero è strettamente connesso, anche organicamente combinato con tutti gli altri. Lo psicologo americano Thunstone, in questa prospettiva, opera sulla base della ricerca e stabilisce diversi fattori di intelligenza, ovvero: ragionamento (deduttivo e induttivo), memoria, capacità di calcolo, velocità percettiva, funzionamento spaziale, comprensione delle parole e fluidità verbale. Ci sono, quindi, circa 7 o 8 fattori di intelligenza, valutati dopo i suoi effetti finali, la presenza di un fattore globale G non è confutata.

Il problema della struttura dell'intelligenza o, secondo formulazioni più recenti, il problema dello stile cognitivo è vanificato.

Nella psicologia del pensiero, infatti, sono state fatte diverse differenziazioni tra analitico e sintetico, pragmatico e teorico, riproduttivo e produttivo, cristallizzato e fluido, convergente e divergente, ecc.

In connessione con la lateralizzazione cerebrale, considerando che l'emisfero sinistro è specializzato in ordine verbale e semantico, e l'emisfero destro ha le funzioni di manipolare le relazioni spaziali e configurare le immagini, probabilmente delineerà, attraverso la ricerca, varianti di intelligenza con dominanza logica -semantica o imaging spaziale.

In effetti, i test di intelligenza sono sia verbali che non verbali (figurativi), così come le batterie di test che utilizzano entrambi i tipi di prove (Wachslen). Attraverso le continue ricerche, il fattore G, è stato identificato come comune a varie abilità.

J. Piaget, attraverso una promossa psicologia genetica, conferma il punto di vista dell'intelligenza come un'attitudine generale con una certa base nativa. L'adattamento consiste nel bilanciare l'assimilazione delle informazioni a schemi preesistenti e l'adattamento o la ristrutturazione imposta da nuove informazioni che non si adattano perfettamente ai vecchi schemi. L'equilibrio che Piaget identifica con l'intelligenza si verifica principalmente sulla base di accomodamento, ristrutturazione o riorganizzazione mentale. La misura dell'intelligenza equivale al tasso di accomodamenti che consentono una buona comprensione e risoluzione dei problemi. Se l'assimilazione è superficiale e l'accomodamento (attraverso l'elaborazione delle informazioni) avviene solo lentamente e in modo insufficiente, allora l'equilibrio intelligente è insufficiente, coloro che hanno affrontato la debolezza mentale accusano fenomeni di "viscosità" mentale o fissità funzionale in opposizione alla flessibilità.

Considerando il fatto dell'intelligenza come struttura strumentale, propria della personalità individuale, occorre dimostrare che l'esperienza stessa di vita e soprattutto l'esperienza scolastica e professionale la mette in luce e ne consente la valutazione. Empiricamente, l'intelligenza può essere valutata dalla performance di apprendimento, dalla facilità e profondità di comprensione e dalla difficoltà e novità dei problemi che il soggetto è in grado di risolvere.

Oggi in psicologia persiste la domanda se l'intelligenza sia la capacità generale di acquisire conoscenza, ragionare e risolvere problemi o se coinvolga diversi tipi di abilità. La maggior parte opta per la prima ipotesi.

Una nuova ricerca dal punto di vista della psicologia cognitiva e della neuropsicologia, che collega il comportamento intelligente all'efficienza neurologica, potrebbe portare pretenziosi chiarimenti al riguardo.

V. INTROSPEZIONISMO E REAZIONI

La vita psichica interiore è il modo più diffuso di concepire l'oggetto della psicologia, apparso e promosso soprattutto nel primo periodo della psicologia, assumendo molte forme, come la concezione di introspezione e il metodo psicoanalitico.

L'introspezione si presenta in un doppio senso, sia come concezione che come metodo di ricerca psicologica.

Si potrebbe quindi tentare di definire l'introspezione come una forma di osservazione e supervisione della propria persona, metodi sul contenuto della propria coscienza che sono stati utilizzati dalla Scuola di Psicologia di Würzburg.

Secondo alcuni psicologi, come Titchner, l'introspezione non è un prodotto del "guardare dentro", ma una tecnica elevata con cui vengono analizzati gli eventi interni, un "esistenzialismo psicologico". Titchener esprime suggestivamente l'idea: "Il contenuto della psiche come puro", un qualcosa che non ha nulla a che fare con il mondo esterno, materiale, attraverso quello che ha chiamato "errore di stimolo". Sono profondamente controllati, a suo parere, quando le persone sono invitate a raccontare i propri sentimenti, sensazioni, idee, commettono l'errore di riferirsi all'oggetto della percezione, della rappresentazione, del sentimento del pensiero, invece di caratterizzare l'esperienza, si riferiscono allo stimolo derivato dal sentimento provato.

Per studiare la realtà interiore, il ricercatore deve sdoppiare se stesso immedesimandosi sia nell'oggetto che nel soggetto della ricerca, questo approccio rappresenta la regola "sine qua non" del metodo dell'introspezione. Poiché questa duplicazione consentirebbe solo al ricercatore di studiare le proprie funzioni psichiche, gli introspezionisti raccomandano l'empatia, cioè la trasposizione del ricercatore nei sentimenti e negli stati mentali di altre persone.

Tutte le condizioni descritte da Titchner intendono trasformare l'introspezione in un valido metodo sperimentale e l'atto stesso in una complessa attività di conoscenza.

Nella psicologia esiste una componente introspettiva che ha, tra le altre funzioni, quella di controllare e validare diverse ipotesi.

Gli introspezionisti pongono lo studio dei fenomeni coscienti al centro della psicologia, che ha portato a un altro nome all'introspezione, quello di "psicologia della coscienza".

L'introspezionismo ha le sue origini in Germania, nel laboratorio di psicologia fondato da Wundt nel 1879, Wundt ricorse all'introspezione nello studio della coscienza come fatto mentale non osservabile direttamente e senza pretese di espressione.

Sperava di trarre conclusioni valide sui fenomeni interni correlando le cause e gli effetti osservabili dei fenomeni psichici con le descrizioni dei soggetti impegnati in un esercizio introspettivo.

Titchener è colui che ha portato l'introspezione in America e ha generato un orientamento psicologico chiamato strutturalismo, quindi ha concepito la coscienza come una struttura globale alla base di tutti i comportamenti, essendo l'unico e autentico oggetto di studio della psicologia. Consiste nel distaccare, smembrare strutture psichiche complesse nei loro elementi componenti e studiarle secondo una serie di criteri (contenuto, qualità, intensità). Questa concezione era orientata contro la zoopsicologia, da parte di quest'ultima le reazioni furono molto virulente.

Jacques Loeb, partendo dal presupposto che l'organismo è una macchina chimica messa in moto da forze esterne, estende agli animali la teoria dei tropismi applicata fino ad allora alle piante.

Jennings ritiene che per studiare il comportamento del tutto oggettivo degli animali, questi termini debbano essere svuotati di ogni implicazione psicologica (Skinner's, la tecnica dei riflessi condizionati-Pavlov).

D'altra parte, Titchner credeva che la psicologia non dovrebbe formulare scopi pratici, il loro unico scopo è quello di una migliore conoscenza della coscienza attraverso l'introspezione. Questa visione era diretta contro un altro orientamento psicologico che si stava sviluppando allo stesso tempo, il funzionalismo, promosso da James e da due dei suoi studenti, John Dewey e James R. Angell. Da un punto di vista della psicologia generale, la reazione si è manifestata in una forma concreta.

Secondo James, la coscienza non è un semplice epifenomeno, cioè un derivato, sottoprodotto, ma svolge importanti funzioni adattative. Pertanto, il funzionalismo si occupa dell'importanza, del significato e del ruolo delle funzioni psichiche al fine di adattare l'individuo e il corpo alle condizioni ambientali. Studiando, parallelamente a Lange, le emozioni, conclude,

che i centri nervosi superiori ma periferici non hanno una grande importanza, ma che la causa dell'emozione è il cambiamento organico che avviene nel corpo. Secondo questa teoria, ridiamo non perché siamo felici, ma siamo felici perché ridiamo; corriamo non perché abbiamo paura, ma perché è la paura di scappare che ci spinge a correre.

Inoltre, JB Watson, colui che ha colpito in pieno l'introspezionismo, era insoddisfatto della sterilità e della mancanza di applicazione pratica dei due orientamenti: strutturalismo e funzionalismo. In che misura la scomposizione degli stati mentali nei loro elementi/ componenti è utile all'uomo? Perché egli era l'iniziatore dell'orientamento psicologico il quale divenne noto come "comportamentismo". Egli sostenne che la psicologia soggettiva promossa da Titchener non consentiva alla psicologia di diventare scientifica o parte integrante del progresso, essendo i suoi dati non verificabili.

Watson Ha sostenuto la sua teoria dicendo che quest'ultime studiano una chimera, qualcosa di transitorio e ingannevole, che nessuno ha toccato, non ha assaggiato. Secondo lui, la coscienza non è altro che un'ipotesi incontrollabile, inaccessibile alla ricerca, non verificabile. Strutturalismo e funzionalismo, sono orientamenti che sembrano totalmente divergenti, si incontrano ancora nella concezione e nel metodo introspezionistico che egli praticava.

Le reazioni contro l'introspezionismo provenivano in prima istanza dalla filosofia. Una delle correnti che si opponeva all'introspezionismo era il pragmatismo, che identifica la realtà oggettiva con le reazioni soggettive ad essa, l'oggetto della conoscenza e il processo della conoscenza stessa i quali si realizzano durante l'attività pratica dell'individuo.

Auguste Comte, criticando con veemenza l'introspezione, è partito dalla premessa che l'esperienza mentale cambia quando diventa oggetto di indagine e mostra che quando ha qualcuno da osservare, non ha niente da osservare, e quando c'è un oggetto da osservare, ha qualcuno che lo guardi.

Lalande ha portato i seguenti rimproveri all'introspezione:

- il fatto osservato è alterato dall'atto stesso di osservazione

- gli stati emotivi intensi sono meno accessibili all'osservazione interna

- che si possono notare solo i fenomeni psichici coscienti, che costituiscono solo una parte della vita psichica dell'individuo

- che le idee preconcette falsificano l'interpretazione dei propri fenomeni in misura maggiore che nell'osservazione rivolta agli altri.

In Piaget ci incontriamo sulle stesse idee.

A causa della duplicazione del ricercatore, il soggetto viene trasformato dall'oggetto il quale cerca di conoscere, d'altra parte, l'introspezione modifica anche i fenomeni osservati. Cognitivamente, l'introspezione fornisce informazioni sui risultati esterni e non sul meccanismo interno dell'attività intellettuale.

Rimanendo chiusa, in una prospettiva idealistica e mentalista ed essendo essenzialmente riduzionista, l'introspezione non poteva rimanere oggetto di psicologia per molto tempo.

La critica che oggi viene portata all'introspezione si basa sul fatto che non è possibile rivolgere l'attenzione sulla coscienza stessa senza far sparire i contenuti mirati, e se questa fissazione ha successo, è assolutamente impossibile registrare quanto osservato perché il record viene cancellato e contraffatto.

La psicologia avrebbe dovuto, non solo ricercare, sperimentare, ma anche consigliare, educare. Doveva indagare non solo le persone, ma anche gli animali, non solo gli adulti, ma anche i bambini, ecc. In questo modo si comprese che la vita psichica interna non funziona solo a livello cosciente, ma anche ad altri livelli e sono proprio questi "altri livelli" che nel tempo diventano l'oggetto prediletto della ricerca, implicitamente della psicologia.

Se la psicologia vuole diventare scientifica, una scienza pratica, utile, aperta, popolare, accessibile a tutti, deve soddisfare le seguenti condizioni;

-cambiare il suo oggetto, rimuovere la coscienza e sostituirla con il comportamento;

-cambiare il metodo di indagine, mettere in atto metodi di introspezione in grado di soddisfare le esigenze di una scienza positiva;

- cambiarne la finalità, mirare non solo all'apertura o alla spiegazione dei fenomeni psichici, ma anche alla formulazione di alcune leggi di comportamento capaci di fondare sulla natura azioni umane efficaci.

VI.   IL MODO IN CUI FUNZIONA IL CERVELLO

Il cervello funziona con l'aiuto di circuiti neurali, o cellule nervose. La comunicazione tra i neuroni è sia elettrica che chimica e viaggia sempre dai dendriti di un neurone, attraverso il soma, attraverso l'assone, ai dendriti di un altro neurone. I dendriti di un neurone ricevono segnali dagli assoni di altri neuroni attraverso sostanze chimiche chiamate neurotrasmettitori. I neurotrasmettitori producono una carica elettrochimica nel soma. Il soma integra le informazioni, che vengono quindi trasmesse elettro chimicamente lontano dall'assone.

Gli scienziati hanno due direzioni nello studio del funzionamento del cervello. Una direzione si concentra nel studiare le funzioni cerebrali dopo che una parte del cervello è stata distrutta, dove si osserva che nelle aree nelle quali le funzioni scompaiono o non sono più normali dopo un trauma a determinate regioni del cervello che possono spesso essere associate a regioni danneggiate. La seconda direzione approfondisce lo studio della risposta del cervello alla stimolazione diretta o alla stimolazione di alcuni organi di senso. I neuroni sono raggruppati per funzioni in gruppi di cellule chiamate nuclei. Questi nuclei sono collegati ai sensori del motore e ad altri sistemi. Gli scienziati possono studiare le funzioni di alcuni sensori (dolore e tatto), motori, olfattivi, visivi, uditivi e altri sistemi che misurano i cambiamenti fisiologici (fisici e chimici) che si verificano nel cervello quando questi sensi vengono attivati. Ad esempio, l'elettroencefalogramma (EEG) misura l'attività elettrica di alcuni gruppi di neuroni tramite elettrodi attaccati alla superficie del cervello, che vengono inseriti direttamente nel cervello in grado di leggere determinati neuroni.

Si possono anche osservare cambiamenti nel flusso sanguigno, alterazione dei livelli di glucosio e il consumo di ossigeno nel gruppo di cellule attive.

A) La Vista

Il sistema visivo umano è uno dei sistemi sensoriali più avanzati. Visivamente è possibile accumulare più immagini che con qualsiasi altro metodo. Oltre alla struttura dell'occhio stesso, molte regioni del cervello, chiamate insieme corteccia visiva associativa, sono coinvolto nel sistema visivo. Consciamente, l'elaborazione dell'immagine avviene nella corteccia, ma in modo riflessivo, immediato e inconscio, la risposta avviene nella parte superiore del collicolo, situato nella parte centrale del cervello. Le regioni corticali associative, sono regioni specializzate che associano o integrano diverse imputazioni nel lobo frontale, così come in parte del lobo temporale, tali aree sono coinvolte anche nel processo di raccolta di informazioni visive e creazione di ricordi visivi.

B) Discorso – L'uso della parola

Il discorso coinvolge le regioni corticali specializzate in un'interazione complessa che consente al cervello di comprendere e comunicare idee astratte. La corteccia motoria avvia impulsi che viaggiano attraverso il cervello, producendo suoni udibili. Le regioni limitrofe della corteccia motoria sono coinvolte in sequenze coordinate di suoni. La regione di Broca dei lobi frontali è responsabile di settanta parole. La comprensione del linguaggio dipende dalla regione di Wernicke del lobo temporale. Altri circuiti corticali collegano queste regioni tra loro per facilitare la comprensione e l'espressione in tempi rapidissimi.

C) La memoria

La memoria è generalmente considerata come un mantenitore di processi associativi, cioè le informazioni provenienti da diverse fonti vengono messe in un'altra. Sebbene la ricerca non sia riuscita a identificare regioni specifiche del cervello come posizioni di memorie individuali, alcune regioni del cervello sono fondamentali per la funzione cerebrale. La memoria immediata, si presume che abbia la capacità di ripetere brevi serie di parole o numeri immediatamente dopo essere stati ascoltati e questa si trovi nella corteccia associativa uditiva. La memoria a lungo termine sembra coinvolgere gli scambi tra la regione centrale del lobo temporale, collocata in varie regioni corticali e nella regione centrale del cervello.

D) Il sistema nervoso autonomo

Regola il sistema di supporto vitale del corpo, cioè i riflessi. Controlla automaticamente i muscoli del cuore, il sistema digestivo, i polmoni, alcune ghiandole e l'omeostasi ovvero l'equilibrio interno del corpo. Il sistema nervoso autonomo è controllato dai centri nervosi situati nella colonna vertebrale e da alcune regioni molto sottili situate nella parte superiore del cervello, nella cortex e nella parte centrale. Reazioni come il rossore della pelle del viso indicano che anche i centri cognitivi o di pensiero del cervello sono coinvolti nella risposta autonoma.

VII. MOTIVAZIONE E AFFETTIVITÀ

A differenza degli animali che sono esseri reattivi che agiscono in modo prevalentemente istintivo, l'uomo è un essere attivo per eccellenza, che interviene sull'ambiente in cui vive attraverso l'esperienza accumulata, la capacità di prevedere e pianificare, soprattutto sotto l'impulso delle sue molteplici esigenze in continua amplificazione. Le relazioni dell'uomo con l'ambiente, nel complesso processo di adattamento, si realizzano grazie alle sue capacità cognitive (percezioni, rappresentazioni, pensiero, memoria, immaginazione), ma anche alla regolazione funzioni di cui è dotato il suo sistema psichico.

Tra i processi che hanno il ruolo di regolare l'attività umana, la volontà occupa una posizione suprema, ma non minimizza l'importanza della motivazione e dell'affettività, le due componenti fondamentali, possono essere considerate le fondamenta di tutte le azioni umane.

La motivazione è definita come il fenomeno psichico regolatorio che consiste in tutti i bisogni interni, derivanti da squilibri energetici, i quali innescano e supportano l'attività umana, mentre l'affettività è il processo regolatorio che riflette la relazione tra soggetto e oggetto sotto forma di esperienze soggettive, il risultato di tali processi danno la soddisfazione o l'insoddisfazione di determinati bisogni.

Quindi, se la motivazione può essere considerata il "motore" della nostra vita psichica, l'affettività è il suo supporto energetico.

Il "carburante" o anche l'eco o la risonanza nel soggetto di stimoli che agiscono dall'esterno o dall'interno, a seconda dello stato interiore dell'individuo in un dato momento. L'affettività riflette il rapporto del soggetto con l'oggetto, il che giustifica il motivo per cui l'oggetto stesso

provoca sensazioni emotive diverse. Ad esempio, la visita di una persona conosciuta può renderti felice quando hai bisogno di comunicazione, ma può irritarti quando c'è un forte bisogno di riposo.

Essendo un'entità allo stesso tempo biologica, psichica e sociale, l'uomo normale è caratterizzato da una moltitudine di bisogni, motivi, interessi, credenze, ecc., Che non può soddisfare pienamente e immediatamente, il che causa una diversità di più esperienze emotive complesse, positive o negative, transitorie o durature, ecc. Pertanto, la coesistenza delle due categorie di fenomeni psichici è ovvia e obbligatoria.

Dal punto di vista ontogenetico, la motivazione e l'affettività, che hanno una base innata, evolvono da forme più semplici a forme più complesse e variegate sotto l'influenza di condizioni ambientali socio-culturali, a bisogni organici, biologici, aggiungendo gradualmente quelli di sicurezza, aggregazione, stima e autorealizzazione, come mostra la piramide dei bisogni realizzata dallo psicologo americano Abraham Maslow.

Tutti questi tipi di bisogni possono segnalare ad 'un certo punto un deficit, uno stato di saturazione o sovrasaturazione, che causa diversi sentimenti emotivi: insoddisfazione, dispiacere, gioia, piacere o fastidio.

La motivazione si esprime nell'emozione, ma le emozioni influenzano anche le ragioni, innescando l'azione. Quest'ultimo aspetto è generalmente noto, ad esempio, nel campo del commercio quando, facendo imballaggi e presentazioni di prodotti "emotivi" (affettogeni), è spesso stimolata la creazione della necessità di possedere quei prodotti e, quindi, lo scatto dell'azione di acquisto degli stessi detto anche input all'acquisto.

Il gemellaggio dei due fenomeni li ha resi diversi tra loro, per cui i processi affettivi sono considerati "processi affettivi, condensati, cristallizzati", questo perché alcuni dei motivi hanno dato luogo all'accumulo di sentimenti emotivi positive che tendono a ripetersi, provocando uno stato di tensione interna il quale sente il bisogno necessario per essere soddisfatto, mentre altri si formano sperimentando una o più emozioni negative che generano azioni di rifiuto, ad esempio la necessità di ascoltare il proprio genere musicale preferito, mentre tale bisogno è soddisfatto, provoca piacere, gioia, ma questa stessa esigenza nasce proprio condensando le gioie precedentemente vissute, ascoltando quella musica, si accede al ricordo positivo rivivendolo, mentre se non fosse stata mai ascoltata, non avrebbe provocato un tale bisogno. Questo esempio porta all'idea della dipendenza di specifici bisogni umani (materiali, spirituali, ecc.) provenienti da esperienze vissute nell'ambiente socio-culturale, la storia in cui l'individuo cresce e si sviluppa. I bisogni e i valori dell'ambiente in cui vive vengono inoculati o interiorizzati facendoli passare attraverso il filtro della propria personalità, ma anche l'individuo sviluppa una vasta gamma di sensazioni emotive quanto diverse nei modi di esprimerli. Pertanto, la povertà o la ricchezza così come la qualità delle influenze sociali su ogni personalità che si traduce nello sviluppo di un sistema più semplice o più complesso di bisogni e sentimenti emotivi, spiegano così perché alcune persone sono felici, soddisfatte se hanno qualcosa da mangiare e da bere, mentre altre vivono per tutta la vita la sensazione di fallimento che li porta a cercare costantemente bellezza, giustizia, ecc.

La soddisfazione o insoddisfazione dei bisogni, accompagnate da appropriate esperienze emotive, dipendono quindi dalla correlazione di fattori interni con quelli esterni con conseguenti colpi motivazionali ed affettivi differenti in ciascuna persona, in modo che le caratteristiche dei due fenomeni psichici, in sintesi, con gli altri diano luogo ai tratti distintivi del carattere della persona, in parte possiamo affermare che sono i desideri della personalità che definiscono ogni uomo. I desideri, le motivazioni, le aspirazioni dell'uomo insieme ai suoi sentimenti, credenze, generano i suoi atteggiamenti, delineando così il suo carattere, svolgono il ruolo di un selezionatore di informazioni e situazioni. Ad esempio l'uomo buono, misericordioso, tenero/altruista si comporterà diversamente da quello spietato, distante/egoista, ecco perché si potrebbe dire, parafrasando un vecchio proverbio: "Dimmi quali sono i tuoi interessi e saprò dirti chi sei".

Un altro aspetto rilevante per la relazione dei due fenomeni è il fatto che tutte le qualità dei processi affettivi si manifestano secondo la motivazione come segue: la polarità dipende da un lato dalla realizzazione o meno dei bisogni, dai desideri, che creano stati emotivi (positivi o negativi) mentre dall'altro, il loro carattere stenico o astenico i quali sono apprezzati nelle loro relazioni con i motivi che possono innescare e sostenere l'azione oppure possono frenare, bloccare, rimandare; l'intensità dei processi affettivi che dipende dal valore dell'oggetto per il soggetto; (quindi si parla di fluttuazione); la durata dei sentimenti affettivi dipende dal tempo in cui il corrispondente movente agisce, l'espressività (capacità di esteriorizzazione dei sentimenti affettivi) è di maggiore o minore entità (comprendente mutamenti più o meno organici, mimico-gestuale, verbale) a seconda della complessità e dell'intensità dei bisogni.

Il comportamento espressivo negli esseri umani, essendo in gran parte appreso socialmente, può essere regolato volontariamente e può essere simile per soddisfare determinati bisogni, ad esempio il desiderio di impressionare, guadagnare stima o aiutare gli altri, porta all'adozione di un certo mimetismo che esprime disperazione, buona volontà, ecc. Il bisogno di comunicazione può essere soddisfatto attraverso espressioni emotive, non solo attraverso un linguaggio normale e articolato, come ad esempio quello utilizzato da persone sordomute le quali articolano il cosiddetto "linguaggio mimico-gestuale".

Le forme di motivazione sono in gran parte stabilite sulla base del coinvolgimento di fattori emotivi: la motivazione positiva, rispetto a quella negativa, è causata da fattori di ricompensa (lode) le quali producono sentimenti emotivi positivi che sono generalmente motivazione stenica, intrinseca rispetto a quella estrinseca, tutto questo processo è causato dalla stessa capacità di compiere le rispettive azioni (es: qualcuno corre per il movimento e non per prendere l'autobus!); la motivazione affettiva (diversa da quella cognitiva) mira ad ottenere o mantenere l'affetto di qualcuno.

La funzione fondamentale di questi due fenomeni psichici in questione è essenzialmente la stessa: regolare l'attività per connessione inversa, ciò significa che un'attività che si svolge e che porta all'alleviamento del bisogno e all'apprezzamento di un'esperienza emotiva, non può continuare l'attività successiva. La regolazione dell'attività umana si ottiene attraverso una collaborazione tra motivazioni e sentimenti emotivi, risolvendo compiti la cui difficoltà è nota al soggetto, richiede uno stato di ottimismo motivazionale ed emotivo il quale consiste in un'energizzazione interna proporzionale al suo grado di difficoltà, ottimo motivazionale emotivo consiste in una leggera ipermotivazione, essendo il compito proposto semplice e una leggera sotto motivazione per il compito apparentemente difficile. Si osserva che intervengono anche elementi intellettuali e volontari della psiche. Le strutture superiori della motivazione umana (interessi, credenze, ideali;) contengono oltre ai processi affettivi superiori (sentimenti, paure, passioni) ed elementi di pensiero, immaginazione, volontà che implicano, implicitamente, la partecipazione della memoria, del linguaggio in una parola dell'intera SPU. Questa stretta connessione tra tutti i fenomeni psichici fa sì che, agendo su uno, si possano ottenere cambiamenti su un altro o sull'intero sistema. Così, ad esempio, inducendo un'emozione più forte con l'annuncio di un eventuale test o un'ispezione in classe, l'insegnante può aumentare la propria motivazione ad apprendere e partecipare alla lezione. Inoltre, la soluzione dei conflitti motivazionali intrinseci dovuti all'esistenza in ogni persona di una "costellazione" di ragioni, può essere ottenuta mediante la partecipazione di fattori razionali, analizzando e confrontando motivi concorrenti che consentono la scelta del motivo superiore; è possibile che la scelta del soggetto miri a ragioni di valore, quindi con effetti minori sulla sua personalità.

L'analisi della motivazione e dell'affettività all'interno del complesso SPU rivela tutta una rete di forze che agiscono soggettivamente in stretta connessione con quella oggettiva, generando così l'individualità e l'unicità dell'essere umano, il proprio, personale modo di agire di ciascuno di noi.

VIII. ASSUNZIONE E SELEZIONE DELLE RISORSE UMANE

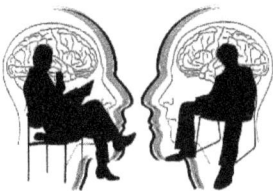

Il reclutamento è una fase naturale nel processo di sviluppo della strategia e della pianificazione delle risorse umane. Rappresenta una fase fondamentale dell'assicurazione del personale, una fase molto importante che richiede tecniche speciali; la qualità del reclutamento condizionando le future performance dell'azienda.

Pertanto, il reclutamento è un processo di ricerca, identificazione, individuazione e attrazione di potenziali candidati da cui verrà selezionato il più idoneo e che meglio corrisponde ai requisiti e agli interessi dell'organizzazione. Allo stesso tempo, il reclutamento è un processo pubblico attraverso il quale l'offerta diventa nota agli interessati e rappresenta una comunicazione a due vie: organizzazione - candidato e candidato - organizzazione.

L'obiettivo fondamentale del reclutamento consente l'identificazione di un numero sufficientemente elevato di candidati che soddisfano le condizioni per essere selezionati.

Il reclutamento è l'effettiva acquisizione tra le persone selezionate, quelle le cui conoscenze professionali nel settore, personalità e capacità, corrispondono al meglio ai posti vacanti messi a concorso.

Il reclutamento di soggetti per enti e istituzioni pubbliche deve quindi tener conto, oltre che della loro professionalità, anche della personalità e delle capacità.

Il temperamento è la forma di manifestazione della personalità in termini di energia, velocità, regolarità e intensità dei processi mentali, rappresentando il lato formale dinamico della personalità.

Gli atteggiamenti sono le qualità fisiche e mentali con cui l'individuo svolge efficacemente un lavoro; indicano determinate possibilità dell'individuo, si basano su alcune strutture funzionali che si rifletteranno sulla qualità dell'attività svolta in futuro.

Tipo di reclutamento:

a) **strategico** - corrisponde alle esigenze strategiche di un segmento per il quale possono essere forniti lavori più sostenibili, motivanti e gratificanti;

b) **temporaneo** - corrisponde a bisogni che sorgono in un dato momento determinato da: dimissioni, servizio militare, studi, congedi pre e post-natali, promozioni, distacchi, trasferimenti;

c) **sistematico** (permanente) - per le grandi aziende;

d) **spontaneo** - quando necessario, per piccole imprese.

Il reclutamento è un processo:

-che comporta un **contatto diretto** tra il datore di lavoro e il richiedente;

- **pubblico** che utilizza i mass media, i servizi di pubblica occupazione e mediazione offerti dall'Agenzia nazionale per il lavoro, relazioni personali, fiere e scambi di lavoro;

- **direzionale**, perché sia il datore di lavoro che il dipendente valutano i vantaggi e gli svantaggi;

-comunicazione tra diverse organizzazioni e persone, ciascuna trasmettendo i propri segnali;

-trasparente, quando è possibile verificare la qualità e la veridicità delle informazioni che circolano sulla domanda di personale e sull'ambiente nelle organizzazioni (condizioni di lavoro, programmi, premi, rapporti umani).

Il processo di reclutamento è influenzato da una serie di fattori interni ed esterni.

I fattori esterni sono:

-condizioni sul mercato del lavoro, vale a dire la domanda di lavoro e l'offerta di lavoro;

-la qualità dei modelli educativi, la capacità del sistema di far fronte alle esigenze di reclutamento;

-attrattività del luogo area- naturalistica, turistica, strutture;

- il quadro legislativo / giuridico e istituzionale del mercato del lavoro (Ispezione del lavoro, Tribunali del lavoro, Agenzia nazionale per l'occupazione e la formazione professionale);

- il funzionamento del rapporto di partenariato sociale tra i datori di lavoro rappresentativi, i sindacati rappresentativi e i contratti collettivi di lavoro.

I fattori interni dipendono da:

-immagine, reputazione e prestigio dell'organizzazione che presenta una maggiore o minore attrattività per i candidati;

- preferenze dei candidati in base al loro livello di istruzione e formazione professionale, campo di attività, varie aspirazioni;

-obiettivi organizzativi e cultura organizzativa in relazione al reclutamento;

- situazione economico-finanziaria dell'impresa;

-applicazione e rispetto di alcuni principi nel reclutamento (uguaglianza, non discriminazione);

-sistemi di ricompensa, compresi quelli sociali.

Metodi e fonti di reclutamento

Le fonti interne di reclutamento si riferiscono alla promozione tra i dipendenti dell'organizzazione. Questo metodo ha un campo di applicazione limitato e molteplici vantaggi, tra i quali citiamo: conoscenza dei punti deboli e dei punti di forza, selezione più rapida, attaccamento all'organizzazione, conoscenza dell'ambiente e della struttura organizzativa, minor rischio di decisioni errate, costo di integrazione relativamente inferiore.

La promozione può presentare anche una serie di potenziali difficoltà quando non c'è personale in grado di soddisfare le nuove esigenze, così come una serie di svantaggi, tra i quali citiamo l'inerzia nel promuovere il nuovo, l'esagerazione dell'esperienza a favore della competenza, - quindi l '"effetto onda" che richiede nuove assunzioni, maggiori costi di formazione.

Il reclutamento da fonti esterne presenta una serie di:

- benefici:

-un maggior numero di potenziali candidati avendo così un maggior numero di possibilità di selezione secondo criteri di competenza;

-confronto tra candidati interni ed esterni;

-potenziale fonte di innovazione, idee, nuovo respiro;

-arricchire il potenziale umano dell'organizzazione;

-riduzione dei costi di formazione interna.

- svantaggi:

- reclutamento più difficile, durata più lunga;

-il rischio di non soddisfare i criteri di competenza e rendimento;

-più elevati costi di reclutamento e, rispettivamente, di selezione e integrazione.

Selezione

La selezione del personale è quella componente della gestione delle risorse umane, che rappresenta un processo di selezione basato su un ben definito pacchetto di criteri. La selezione segue logicamente il processo di reclutamento.

L'attività di selezione professionale, svolta a livello di impresa, dagli specialisti dei laboratori di psicologia, richiede un'attenta analisi delle professioni esercitate nelle rispettive unità, stabilendo una concordanza tra le caratteristiche di queste professioni e le possibilità fisiche, mentali e informative che presentano i candidati.

La strategia di selezione prevede:

-rigida definizione dei criteri;

-stabilire tecniche e metodi per la raccolta delle informazioni;

-utilizzare le informazioni nel processo di selezione;

-valutazione dei risultati e dell'efficienza della selezione.

I metodi di selezione sono suddivisi in metodi empirici e metodi scientifici.

I metodi di selezione empirica, in generale, non si basano su criteri rigorosi, ma su raccomandazioni, impressioni personali, su come presentare i candidati al colloquio e ci sono anche pratiche controverse come l'analisi grafologica e la macchina della verità.

I metodi di selezione scientifica prevedono:

-criteri scientifici;

-metodi e tecniche appropriati;

-si svolge in più fasi.

I metodi e le fasi principali corrispondenti ai criteri appropriati alla rispettiva posizione:

-selezione preliminare dei candidati che saranno oggetto di selezione;

- domanda di assunzione, lettera di intenti;

- colloquio di lavoro: - tradizionale;

- strutturato;

- semi strutturato;

- situazionale.

- elenco per l'occupazione;

- verifica referenze;

- esame medico;

- colloquio finale;

- decisione sull'occupazione.

Il comportamento delle organizzazioni è molto vario, ma generalmente rispetta il modello teorico, idealmente presentato sopra.

La selezione professionale non è solo la verifica iniziale, basata sull'esame psicologico, di alcuni candidati per determinati lavori, ma aiuta a entrare in produzione. È la verifica di questa diagnosi successivamente e assolutamente necessaria, infatti solo studiando il comportamento dell'individuo nei confronti dell'ambiente fisico, reale, nei confronti del clima psicosociale, nei confronti del gruppo di lavoro in cui opera il lavoratore selezionato, le sue reazioni alle mansioni professionali, i risultati del lavoro, l'eventuale cambiamento di interessi, di abilità. Si potranno confermare le sue reali caratteristiche e attitudini.

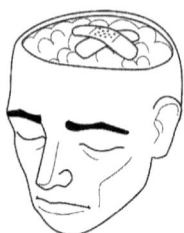

IX.   SONNO, SOGNO, IPNOSI

A)   NECESSARIO COME L'ARIA

Il sonno è una necessità fondamentale, anche se ci deruba un terzo della vita. Si rivela insostituibile quanto l'aria, l'acqua e il cibo. La mancanza di sonno uccide anche più velocemente della mancanza di cibo. Se un cane muore dopo 14 giorni di veglia continua, gli esperimenti hanno dimostrato che dopo 100-200 ore di mancanza di sonno, la persona presenta disturbi significativi in tutto il corpo. Pertanto, si avvertono cambiamenti nella pressione sanguigna, nella respirazione, nell'attenzione e nel battito cardiaco. In termini di durata del sonno, varia da un'età all'altra. Se il neonato dorme circa venti ore, nell'età adulta ne sono sufficienti sette-otto ore. Anche il ritmo del sonno cambia. Passa dal ritmo polifasico del neonato al sonno notturno naturale degli adulti. Ma ci sono delle eccezioni. Plinio il Giovane e Victor Hugo dormivano solo due o tre ore per notte. Questo in definitiva dimostra che non tutte le persone dormono nello stesso modo. Alcuni di noi hanno un'insonnia amara con componenti psicopatiche o organiche, mentre altri hanno un'insonnia semplice, con notti "buone" e notti "cattive". I disturbi del sonno possono manifestarsi anche sotto forma di ipersonnia, cioè un'irresistibile tendenza al sonno. È il caso della narcolessia, caratterizzata da attacchi di sonno improvvisi senza sogni e risvegli improvvisi, quando il paziente perde completamente la cognizione del tempo. Più grave è la cataplessia, un'altra forma di ipersonnia, caratterizzata da frequenti allucinazioni ipnogeniche. Non dimentichiamo il sonnambulismo, questa paradossale manifestazione notturna, sulla quale non si è ancora formata una concezione unanimemente ammessa. Tra le altre cose, viene discussa la possibilità di basi genetiche del sonnambulismo. Vediamo per ora cos'è il sonno.

B) UN FENOMENO FISIOLOGICO NATURALE

Il passaggio dallo stato di veglia allo stato di sonno è preceduto da un vero rituale, da un cerimoniale, che differisce da umano a umano. Si tratta di andare a letto, leggere un libro, fumare una sigaretta, ecc. Oppure, la modificazione di queste abitudini riflesse porta, non di rado, alla comparsa di insonnia, che non va confusa con la totale mancanza di sonno, incompatibile con la vita, ma disturbo della qualità del sonno e della sua normale durata. In altre parole, il sonno può essere considerato come un disinteresse interminabile per l'ambiente esterno, disinteresse prodotto gradualmente da una serie di cambiamenti nel ritmo biologico. Si tratta della diminuzione degli afflussi sensoriali, della riduzione della respirazione, della diminuzione del metabolismo basale, della diminuzione della pressione sanguigna e delle secrezioni digestive. In una parola, il sonno dovrebbe essere visto come un fenomeno fisiologico naturale caratteristico di tutti gli animali superiori. Si verifica non solo a causa dell'usura funzionale, ma anche in relazione al ciclo notte-giorno. Va notato, tuttavia, che questo fenomeno fisiologico è l'espressione di un processo di recupero attivo del cervello, fatto dimostrato dal fatto che il flusso cerebrale circolare non diminuisce durante il sonno. A causa di quali fattori dormiamo? Diverse teorie sono state fatte circolare su questo.

Così, nel 1929, lo psicofisiologo Hess attribuì l'alternanza veglia-sonno all'antagonismo tra due centri, uno nell'ipotalamo posteriore. Tuttavia, questo punto di vista è opposto da Pavlov, il quale afferma che il sonno è un'inibizione dei centri nervosi superiori. Successivamente, Moruzzi e Magoun sottolineano il ruolo essenziale della formazione reticolata nel mantenimento della veglia. Di conseguenza, il sonno appare, secondo Moruzzi, come effetto della disconnessione funzionale della formazione reticolare, e le esperienze più recenti, come vedremo dalla spiegazione delle illustrazioni, evidenziano aree ipnogeniche nel bulbo, talamo, ipotalamo. La stimolazione di queste aree inibisce la formazione reticolare e produce il sonno.

C) SONNO LENTO E SONNO VELOCE

All'inizio dell'ottavo decennio di questo secolo era noto

solo un tipo di sonno, le sue diverse fasi sono definite dal loro grado di profondità. In questo senso, Loomis e i suoi collaboratori hanno isolato cinque periodi (fasi), che vanno dalla sonnolenza al sonno più profondo. Tuttavia, questa classificazione si è rivelata incompleta, coprendo solo una parte del sonno, la quarta del sonno lento. Ciò è dimostrato da A. Aserinsky e N. Kleitman nel 1953, isolando un particolare tipo di sonno caratterizzato da "movimenti oculari". È così che oggi, grazie alle più moderne ricerche, il sonno è stato suddiviso in due categorie: sonno lento e sonno veloce. Abbiamo quindi a che fare con una dualità degli stati di sonno. Il sonno lento, ovvero il sonno classico diviso da Loomis in cinque fasi e caratterizzato da onde lente, viene periodicamente interrotto dal sonno veloce (paradossale), che si basa su un'attività corticale rapida che si rivela, in larga misura, l'espressione dell'attività sognante. I soggetti svegliati durante il sonno rapido riferiscono tutti di aver sognato. Il sonno lento rappresenta il 60-70% del sonno comportamentale, mentre il sonno veloce rappresenta generalmente il 30-40%. Mentre nel primo tipo di sonno i corrispondenti EEG sono rappresentati da fusi di grande ampiezza; il sonno rapido è caratterizzato da un'attività elettrica rapida e sincronizzata. Oggi, grazie ai ricercatori, è possibile delimitare esattamente i due periodi di sonno.

D) QUESTI STRANI FENOMENI CHE SONO I SOGNI

Il sogno ci accompagna per tutta la vita. Nel sonno pieno, l'inconscio viene interrotto e la nostra coscienza nota, in modo inaspettato, passivo e imprevedibile, una somma di visioni, di esperienze molto simili, ma anche molto diverse da ciò che ci sta accadendo in uno stato coerente. Nel corso di questa esperienza, la sua grande diversità ha sempre colpito. A volte possiamo sognare molto, altre volte poco e per niente. Inoltre, il sogno può essere "lungo" o "breve", possiamo sognare ogni notte, o solo di tanto in tanto, possiamo fare un sogno, due o più sogni. Questo è l'aspetto quantitativo del sogno. Quanto al suo lato qualitativo, abbiamo in mente che il sogno può essere "vago" o "vivo", coerente o incoerente, omogeneo o disomogeneo, logico o assurdo, piacevole o spiacevole. Quando è spiacevole diciamo di avere incubi. Ma il bipolarismo del sogno ha solo un carattere astratto e didattico, perché il più delle volte il sogno include caratteristiche contemporaneamente e successivamente opposte, cioè può avere coerenza e incoerenza e logica e assurdità e chiarezza e ambiguità. Pensiero magico

Tutte queste caratteristiche del sogno hanno colpito fin dall'antichità la curiosità e l'immaginazione delle persone, la preoccupazione per questo fenomeno oscillante a seconda del grado di cultura e civiltà esistente ad un certo punto della scala della società umana. Nella comune primitiva, ad esempio, l'uomo, dominato da un pensiero "magico", attribuisce al sogno un'importanza a volte anche maggiore del vivere sveglio. Considera l'esperienza onirica di un rango superiore, come un'esperienza da un altro mondo, dal "mondo al di là" o come un contatto necessario con un tale "mondo". Attraverso un sogno, considera l'uomo primitivo, gli "spiriti superiori", le divinità, o gli spiriti dei morti, che comunicano con lui per annunciargli la loro volontà o consiglio. Quindi, il sogno era considerato come portatore di buone o cattive notizie, il che determinò che una delle maggiori preoccupazioni degli "studiosi" di quei tempi lontani, cioè di guaritori, maghi e sacerdoti, fosse la cosiddetta interpretazione di sogni.

Ma man mano che la società progredisce e la conoscenza delle persone sulla natura e sulla società diventa più ricca, il sogno, oltre che normale, viene demistificato, perdendo gradualmente la sua importanza. Rimane un fenomeno semplice, strano e incomprensibile nonostante "decifrazioni" più ampie o più brevi esistenti nelle pagine di vari libri occulti, che rivendicavano con forza di "nascondere" alla perfezione i sogni.

Ma ecco che la scienza dei sogni in generale e della psicologia in particolare ha ottenuto nel tempo successi sempre più spettacolari nel decifrare i meccanismi del cuore di questi fenomeni che sono i sogni.

In primo luogo, durante il periodo della psicologia sperimentale, si studia il sonno stesso e si creano innumerevoli relazioni tra sogno e sonno. Le persone devono scoprire perché e come si verifica il sogno. All'inizio si pensava che il sogno fosse un semplice intreccio di "bande" e fantasia, continuità rudimentale, che ricompare arbitrariamente e caoticamente. Ciò che colpisce, tuttavia, è il fatto che lo stato di sogno, a differenza dello stato di veglia, si è rivelato totalmente privo di continuità e in continua evoluzione. Alla fine del XVIII secolo, teorici come Nudow, Mendelssohn e Anton Joseph Darsch iniziarono a guardare in modo più critico alla genesi del sogno, collegando il suo sviluppo agli eventi della giornata che erano immagazzinati nella memoria. Poco dopo, intorno al 1875, Hildebrand ritiene che il sogno trae i suoi elementi dalla realtà della vita psichica, dagli eventi interiori ed esteriori vissuti. Da qui l'idea che il meccanismo del sogno sia condizionato sia dall'influenza dei sensi "esterni" che trasmettono nell'ambiente sensazioni "oggettive" attenuate, anche dai sensi "interni", che trasmettono sensazioni organiche interne. Ad un certo punto molti ricercatori erano convinti che le immagini dei sogni fossero trasformazioni di eccitazioni visive retiniche che appaiono con gli occhi chiusi o di immagini vivide luminose, colorate e caleidoscopiche, chiamate immagini ipnogiche. Sembrano essere elaborati dalla corteccia cerebrale (area ottica) che compare al momento della sonnolenza o del risveglio, cioè negli stati tra la veglia e il sonno. Tuttavia, i sogni e le immagini ipnogiche sono due cose diverse, sebbene possano influenzare e coesistere. Di solito, le scene dei sogni sono rappresentate in bianco e nero, i sogni colorati sono di natura eccezionale. Si verificano in alcuni stati neuroendocrini speciali e in determinate occasioni.

E) I PUNTI DI GUARDIA SULLA ZONA CORTICALE

La moderna ricerca neurofisiologica ha fatto molta luce, dimostrando che i processi bioelettrici nel cervello hanno un'evoluzione diversa - nello stato di sonno che nello stato di veglia, e che i sogni si verificano in condizioni di sonno paradossali quando certe parti della corteccia cerebrale sono eccitate e quando alcune come gli enzimi (tracce, depositi di memoria) vengono riattivati. Il materiale informativo di cui è composto il sogno ha come fonte la propria esperienza. Di conseguenza, i ciechi non possono sognare immagini visive. Ma ci sono anche casi in cui le persone dicono di aver sognato posti che non hanno mai visto. La realtà è che su alcuni aspetti su quale nello stato di veglia, non diamo importanza, non ce ne rendiamo conto, nello stato di sonno diventano dominanti. Questo perché quello che era un riflesso estremamente debole e isolato durante il risveglio può diventare un atto potente durante il sonno.

Le cause dei sogni, infatti, sono estremamente varie, comprese preoccupazioni, sentimenti, che possono essere riattivate nel sonno e diffuse nel sogno. Intorno a un evento previsto, ad esempio, sognerai sicuramente qualcosa al riguardo. Ecco perché la psicoanalisi sostiene, non senza ragione, che i nostri desideri nascosti e bisogni repressi di coscienza si possono manifestare nel sogno. Pavlov considera il sogno come espressione delle manifestazioni di certi punti di veglia "speciali, esistenti nell'area corticale", immersi in uno stato di inibizione specifico del sonno.

Gli ultimi due decenni in particolare si sono rivelati estremamente fruttuosi in termini di ricerca sulla decifrazione sempre più accurata del sonno e dei sogni. Sono stati realizzati in laboratori all'avanguardia "laboratori dei sogni" dotati dei più moderni dispositivi per il tracciamento delle coordinate fisiologiche del corpo come l'elettroencefalogramma o l'elettrocardiografo. Tra le mura di questi laboratori hanno dormito per 10 anni circa quattromila volontari o soggetti pagati, portando il numero di notti trascorse a oltre 12.000. Tre elementi essenziali sono stati ricercati con il cronometro in mano. Si tratta del comportamento generale del soggetto, dei movimenti dei suoi bulbi oculari sotto le palpebre chiuse e soprattutto dei percorsi elettroencefalografici che tradiscono la profondità o la superficialità del sonno. È stato così possibile rilevare, come abbiamo mostrato prima, due particolari tipologie di sonno qualitativo, che si susseguono con una certa frequenza circa 4-5 volte per notte e con un orario abbastanza costante. Si tratta di un "sonno lento" "recente" su scala filogenetica, relativamente senza sogni e di un sonno veloce, paradossalmente caratterizzato oggettivamente da rapidi movimenti dei bulbi oculari e soggettivamente da sogni simultanei.

Alcuni scienziati affermano che una piccola area nella regione pontina della formazione reticolare mesencefalica è responsabile di questa attività onirica. Michel Jouvet l'ha definito metaforicamente il "centro dei sogni". Tuttavia, è stato riscontrato che esiste una fase intermedia tra i due tipi di sonno, che è breve e incoerente.

Sulla base di tutti gli esperimenti intrapresi, è stata finalmente delineata la disciplina scientifica oggettiva sui sogni. Willliam Dmont seguendo la cronologia, il ritmo e la durata dei due tipi di sonno durante una notte raggiunge rivelazioni sensazionali. In precedenza si è scoperto che in realtà tutte le persone sognano, nessuno escluso, anche chi nega di sognare. Per loro, tuttavia, la negazione è l'effetto di un'amnesia che si sta risvegliando. In secondo luogo, si è giunti all'opinione che la fase del sonno veloce, paradossalmente, quindi il sonno onirico sia essenziale, vitale, strettamente necessario. In altre parole, non puoi nemmeno vivere senza sogni. Né gli esseri umani né gli animali possono sbarazzarsene. Questo perché i sogni sono sia biologicamente che psicologicamente utili. I soggetti a cui non era permesso sognare, essendo risvegliati ogni volta che avevano movimenti oculari sintomatici per l'attività onirica, sebbene dormissero a sufficienza, soffrivano di alcuni disturbi nevrotici.

L'assoluta necessità di sognare è stata dimostrata dal Prof. Michel Jouvet, della facoltà di medicina di Lione. A tal fine, ha sottoposto esperienze radicali "senza sogni" non agli esseri umani ma ai gatti. Dopo solo una settimana, il bisogno di sognare era totale, i soggetti non riuscivano più a controllarsi. Quindi rimuove la parte giovane del cervello da 65 gatti, lasciando intatte le parti antiche, cioè il centro dei sogni di cui abbiamo parlato sopra. Il risultato è stato che gli animali sognavano continuamente, il che dimostra che i sogni sono apparsi in una certa fase dell'evoluzione e che sono forme ataviche, legate alle vecchie strutture del cervello, ma molto necessarie per la vita.

È così che i misteri dei sogni si svelano sempre di più. In altre parole, nei sogni non c'è soprannaturale.

Da tempo immemorabile ci sono state numerose preoccupazioni sull'ipnosi. In certi periodi storici passati, l'ipnosi veniva usata e interpretata come un fenomeno mistico, spesso utilizzato per perfezionare truffe e ciarlatanerie per guadagnare i soldi dei disinformati. Così, i sacerdoti dell'antica Grecia e dell'Egitto usavano l'ipnosi per scopi religiosi; varie domande furono rivolte a un servitore del tempio che, essendo in stato di ipnosi, elaborava risposte considerate profezie o indicazioni degli dei. Nel Rinascimento, i fenomeni dell'ipnosi venivano spiegati con l'aiuto di una fantastica teoria "magnetismo animale". Questa teoria è stata sviluppata dal Dr. Mesmer (che praticava l'ipnosi alla corte del re Luigi XVI) e veniva applicata a persone nervose e inquiete. Secondo lui, la malattia doveva essere portata al suo apice per essere curata. Di conseguenza, Mesmer portava gli arrabbiati o quelli in crisi, in una stanza in cui si trasmetteva il magnetismo basato su passi, movimenti ripetuti, mani davanti e lungo il corpo dell'esperto, per esacerbare la crisi., La quale si manifestava con pianti o risate inarrestabili, tremori e grida forti. Successivamente il fenomeno dell'ipnosi fu ripreso, ovviamente, su un'altra base e reso noto in molti campi di attività grazie al prestigio di personalità scientifiche come Charcot, Freud, Pavlov e altri, i quali si sono avvicinati dal punto di vista delle loro teorie.

Ma vediamo cos'è l'ipnosi e qual è la sua natura? La parola ipnotismo deriva dal greco "hypnos" che significa sonno. La ricerca moderna in psicofisiologia (elettrofisiologia) e psicologia attesta l'idea che l'ipnosi è più come svegliarsi che dormire. La tecnica dell'ipnosi si basa, in tutti i casi, su varie procedure suggestive.

In un modo o nell'altro, la maggior parte delle persone è suggestionabile. Ma la suggestionabilità differisce da un individuo all'altro a seconda: delle caratteristiche mentali della persona, dell'età, del sesso, dell'esperienza di vita, del grado di cultura, del potere di discernimento, ecc. Per aumentare la forza della suggestionabilità della parola, si può chiedere al soggetto di guardare un punto luminoso, un oggetto fisso o negli occhi dell'ipnotizzatore, che ha il dono di accelerare il fenomeno di inibizione nella parola. Il soggetto ipnotizzato rimane in contatto con l'ipnotizzatore ed esegue i suoi comandi fintanto che è possibile mantenere un focus di massima eccitabilità sulla corteccia cerebrale dell'ipnotizzato. Le parole dell'ipnotizzatore possono provocare rappresentazioni dal vivo e atti automatici di movimento. L'ipnotizzatore può suggerire, ad esempio, all'ipnotizzato di immaginare di essere che è in età adolescenziale e di camminare su un campo di fiori con la sua ragazza. Come tale, esegue movimenti di raccolta dei fiori e li offre alla sua amata.

Sebbene la scienza non possa spiegare completamente i meccanismi dell'ipnosi, l'effetto ipnotico è attribuito alla funzione regolatrice del linguaggio, alla capacità suggestiva del soggetto e, secondo alcuni autori, anche alle caratteristiche speciali che l'ipnotizzatore avrebbe. Durante la seduta di ipnosi l'attività psichica non scompare, ma si verificano fenomeni di massima concentrazione sugli argomenti suggeriti dall'ipnotizzatore. In queste condizioni il soggetto può eseguire una serie di azioni automatizzate e anche adottare posizioni meno confortevoli simili allo stato di catalessi. Il fenomeno, oltre all'ascolto appunto dell'ipnotizzatore, è dovuto all'inibizione raggiunta nel cervello e al mantenimento di un'unica area di eccitabilità attraverso la quale esercita influenze sul soggetto.

Da chiarire che il soggetto può in qualsiasi momento riprendere coscienza di se e che non è possibile in nessun caso obbligare un essere umano a compiere azioni contro la sua volontà. Lo stato di ipnosi è indotto solo se il soggetto si impegna in tale concentrazione, quindi in realtà la parte cosciente del soggetto rimane sempre vigile. Gli stati di ipnosi aiutano ad accedere ad una parte di coscienza più profonda, possono essere utilizzati per ricordare avvenimenti passati che nello stato di veglia sembrano essere stati rimossi dalla memoria.

Il fenomeno ipnotico può essere indotto anche negli animali quando si verifica un tipo di comunicazione basata su mezzi extraverbali. È noto che in certe situazioni l'uomo può "comunicare" anche con le piante. Sia nelle condizioni sopra descritte che nell'ipnotizzazione dell'uomo, probabilmente agisce un campo biopsichico, il cui segreto la scienza non è ancora riuscita a decifrare del tutto.

H) COSA È L'IPNOLOGIA

Quando viene causato il sonno ipnotico, quest'ultimo può trasformarsi in sonno naturale se la connessione tra ipnotizzatore e ipnotizzato viene interrotta o indebolita. Tale processo può essere invertito ovvero, dal sonno naturale al sonno ipnotico. Un caso del genere può verificarsi anche quando la persona parla nel sonno e le vengono poste domande con tono adeguato e legate al contenuto del sogno. Se il dormiente risponde, il sonno naturale si trasforma in sonno ipnotico e viene manipolato da una suggestione esterna. In questo modo, la suggestione ipnotica può essere utilizzata per rimuovere abitudini e inclinazioni negative dal comportamento dei bambini. Quando si parla di autoipnosi è quando un soggetto ha imparato ad indursi da solo uno stato di concentrazione tale da estraniarsi completamente, ma pur sempre rimanendo vigile, questa pratica è molto utile alle persone molto stressate e ansiose o ad esempio per i pazienti asmatici, i quali quando stanno per avere una crisi di soffocamento, si concentrano cercando di indurre un sonno ipnotico così da evitare la crisi in circa 15 minuti.

Apprezzando l'utilità pratica dell'ipnosi, numerosi specialisti la applicano con successo in medicina, odontoiatria, psichiatria, chirurgia, logopedia.

Pertanto, l'ipnosi viene utilizzata come coadiuvante nel trattamento di nevrosi asteniche, ossessioni, tic, insonnia, balbuzie, alcolismo. È stata creata una disciplina applicata chiamata ipnologia.

X. SUGGESTOPEDIA, IL METODO OLISTICO DEL SUPERAPPRENDIMENTO

Suggestopedia è:

- Un modo di apprendere facile, veloce e senza stress, che stimola le riserve intellettuali (mobilitando fino al 90% del potenziale del cervello) e sviluppa le capacità mentali, prima fra tutte la capacità di memoria semi-fotografica.

- Un metodo olistico che capitalizza il somatico e lo psichico; il conscio e l'inconscio; emisfero cerebrale destro e sinistro; il fattore razionale ed emotivo.

- Un metodo in cui la fornitura di informazioni, intonazione, musica, respirazione e ritmi organici sono sincronizzati in modo che il conscio si connetta all'inconscio, accedendo al suo database.

- Un metodo utile per qualsiasi età, livello intellettuale o professione, che possiamo utilizzare in un contesto istituzionale o a casa da soli.

⚊ Suggestopedia metodo in cui impari facilmente e dimentichi difficilmente ...

La Suggestopedia come metodo di apprendimento estremamente veloce e completo è stata sviluppata dal medico e psichiatra bulgaro Gh. Lozanov, presso l'Istituto di Suggestologia di Sofia, le prime esperienze a partire dal 1960. Consente l'assimilazione di materiale fattuale (informazioni statiche e descrittive: parole, espressioni, figure, dati, formule, ma anche ampi sistemi di idee) in qualsiasi campo. In dozzine di scuole ordinarie in Bulgaria, gli studenti imparano gli argomenti di un anno scolastico in soli due mesi, con classi che raggiungono spettacolari "accelerazioni di studi". Nell'ex Unione Sovietica, i centri di suggestopedia sono un fatto attuale, i programmi di apprendimento delle lingue, che utilizzano principalmente libri di testo scritti dal musicista, attore e insegnante Alexo Novacov, vengono completati in tre mesi, quattro ore al giorno, durante le quali gli studenti assimilano 6.000 unità lessicali e strutture linguistiche, che risulta essere una quantità pari al doppio della sostanza attiva di una lingua.

Nel 1969 il quotidiano Pravda affermava che "è possibile imparare una lingua straniera in un mese". Uno scienziato giapponese ha annunciato di aver imparato l'inglese in 7 giorni; un francese in 15". Lo stesso Lozanov riferisce che per alcune materie è possibile assimilare fino a 3.000 parole al giorno (non dimentichiamo che il vocabolario attivo di una lingua è 2.500 3.000 parole), l'efficienza di apprendimento aumenta di 5-50 volte. I centri di suggestione di Berlino e Lipsia hanno riscontrato una memoria superiore al 90%, cifra supportata dai risultati di Lozanov: la ritenzione del materiale è dell'88% dopo 6 mesi e del 57% dopo 22 mesi. Dopo un normale apprendimento, le cose sono completamente diverse: dopo 6 mesi la persona conserva il 60% delle tesi principali, il 36% delle unità logiche e il 21,5% del materiale testuale, così che dal materiale preparato per gli esami chiama solo il 20% dopo soli 15 mesi.

A) *Suggestopedia nel mondo*

Sembra che lo Zeitgeist degli ultimi decenni sia stato segnato dall'apertura della cultura occidentale, attraverso l'eccellenza scientifica, materialistica e positivista, alla filosofia e all'esperienza tradizionali orientali. Al di là del dilettantismo del profano, attratto da sensazionali o accattivanti, sempre più scienziati hanno appreso le conoscenze per verificare le intuizioni degli antichi cinesi, indiani, giapponesi, greci o egizi attraverso esperimenti rigorosamente controllati per confrontarli con teorie scientifiche già validate. Così, negli ultimi 30 anni, nel mondo sono proliferati vari metodi di super apprendimento e ipermnesia, alimentati da fonti relativamente comuni e basati su principi simili, se non identici. Attualmente, la sugestopedia e vari sistemi derivati sono praticati ovunque: nei paesi dell'ex Unione Sovietica, essa, essendo utilizzata in vari centri specializzati, nelle università (solo presso l'Università di Novosibirsk viene utilizzata ogni anno da 10.000 studenti), nell'Istituto pedagogico di lingue straniere di Mosca, nell'esercito o dal grande pubblico (lo Studio "Mosfilm" ha anche realizzato un film didattico).

Ma la mappa della suggestionopedia è molto più ampia: negli USA esistono istituti e fondazioni speciali, convegni annuali (in continuità con la tradizione aperta dalla prima International Conference on Suggestopedia, Varna, 1971), pubblicazioni e diffusione del metodo in ambito educativo, imprenditoriale, esercito, pubblico.

Ispirandosi anche ad altri sistemi olistici, come la psicosintesi dello psichiatra italiano Roberto Assagioli, o l'antroposofia di Rudolf Steiner, istituti europei, metodi o autori che fanno suggestionopedia / apprendimento accelerato / apprendimento rapido / superlearning / educazione olistica / metodo Lozanov possono essere identificati anche nella pedagogia autogena di Friedrich Doncet (Germania), nel metodo di Alfred Tomatis o Jean Coureau (Francia), nel sistema di Jacques de Coulon (Svizzera) o anche nel programma di tecniche autogene elaborato dall'AG sovietico Odesski (1971).

L'ex Unione Sovietica ha esportato il metodo in Africa e Ungheria. Prima della rivoluzione, i tedeschi conoscevano una suggestopedia relativamente autentica e il Canada aveva inizialmente sperimentato un clamoroso fallimento in seguito all'applicazione di una formula di suggestopedia "a orecchio".

B) Fonti di suggestopedia

La Suggestopedia distilla elementi da yoga raja, musica, apprendimento del sonno, acquisizioni di fisiologia e psicologia contemporanee, ipnosi, autogenia, parapsicologia, teatro.

Gh. Lozanov ha studiato yoga mentale (rajas in India e lo ha praticato sistematicamente per 20 anni. Da qui ha intrapreso la formazione in concentrazione, visualizzazione, ipermnesia fotografica e tecnica di respirazione ritmica (prana yama, da tecniche di meditazione orientale).

Lo studio di laboratorio delle facoltà extrasensoriali di oltre 65 persone. Per Vanga Dimitrova, la "risorsa nazionale" dello Stato bulgaro, ha aperto un laboratorio fisiologico proprio nel suo villaggio. Qui ha studiato le sue capacità paranormali per 10 anni. Le conclusioni di Lozanov erano che le informazioni sul passato e il futuro dell'individuo sono riprese da persone come Vanga dal suo inconscio; che l'inconscio trattiene un'enorme quantità di informazioni, anche da stimoli subliminali; il problema è avere accesso a questa conoscenza.

Inoltre, l'attuale neurochirurgia ha dimostrato, attraverso le operazioni eseguite dal Dr. Wilder Penfield a Montreal, che qualsiasi esperienza viene registrata nel cervello sotto forma di uno schema che persiste per decenni o addirittura per tutta la vita. Lozanov va oltre, considerando che l'uomo registra permanentemente altre informazioni: quelle percepite intuitivamente e telepaticamente o attraverso la chiaroveggenza. Queste percezioni, secondo lui, hanno il loro ruolo nell'aggiornamento.

Una scoperta casuale rivelò a Lozanov il segreto dell'apprendimento del sonno: l'autosuggestione. Due gruppi di studenti erano giunti a consolidare le loro conoscenze imparando nel sonno. Lozanov notò che i membri di uno dei due gruppi russavano, segno che erano caduti in un sonno profondo, e scollegò il registratore. Il giorno successivo entrambi i gruppi si sono esibiti allo stesso modo.

Il semplice suggerimento che avrebbero imparato meglio era sufficiente per coloro che avevano dormito normalmente senza studiare durante il sonno.

La musica è indispensabile nella sessione di suggestopedia. e non una musica qualsiasi, ma solo alcune composizioni in stile barocco di Bach, Handel, Vivaldi, Corelli e Teleman. Misurano 4/4 (a volte

3/4) e il ritmo ampio (60 battiti al minuto). I ritmi del corpo sono collegati alla cadenza della musica, l'effetto è simile alla recitazione di un mantra; l'impulso diminuisce di 5 unità la tensione di 4 divisioni e la frequenza delle onde cerebrali aumenta di circa il 6%. Si ottiene uno stato di rilassamento fisico accompagnato dall'allargamento e dall'affinamento della coscienza. Cimatica, la nuova scienza fondata dal Dr. Hans Jerry, che studia l'effetto della musica sul mondo animato e inanimato, incontra le idee degli antichi (Pitagora, Ermes Trismegito), che consideravano la musica come un ponte che unisce tutte le cose. Tutto nell'universo è in uno stato di vibrazione, anche gli elettroni nell'atomo, che fa risuonare alcune sostanze, colori e note musicali. L'evidenza sperimentale è conclusiva. Questo ha portato Donald Hatch Andrews, un dottore in chimica, ad esclamare stupito: "... scopriamo che l'universo non è composto di materia, ma di musica".

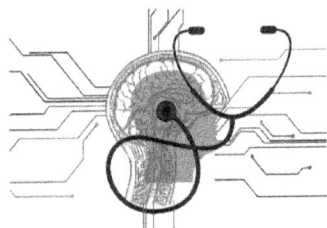

XI. TECNICHE DI PERSUASIONE

Ci sono cose che dici per convincere gli altri delle tue idee, alcune le utilizzi nella tua vita quotidiana, altre al lavoro e completamente diverse quando cerchi di convincere un insegnante che meriti un voto più alto all'esame ... ma ce ne sono alcune composte da idee e frasi ben formulate, che spesso agiscono in modo irrazionale sull'argomento target e con le quali si hanno possibilità di successo molto più elevate. Queste sono tecniche di persuasione che è bene conoscere, indipendentemente da quale lato della barricata ti trovi - se vuoi convincere qualcuno o qualcuno sta cercando di convincerti. Il successo dell'applicazione di una strategia dipende dalla situazione, alcune funzionano meglio di altre su un determinato scenario; ma tutto dipende in larga misura dal modo più discreto in cui li usi.

Una delle tecniche più semplici è la distorsione temporale. A volte il modo migliore per influenzare la persona target è comportarsi come se quello che vuoi ottenere da loro fosse accaduto. È molto utile fare riferimento a una decisione che la persona sta cercando di prendere, come se fosse già stata presa; parlagli come se avesse già accettato la tua proposta e lo avesse persino reso felice. Inoltre, l'associazione di immagini piacevoli con l'uso del verbo passato rende la proposta irresistibile.

È noto che le persone sentono il bisogno di ricompensare i favori che sono stati loro offerti. Un favore può innescare sentimenti di dovere e, di conseguenza, c'è un grande bisogno che il soggetto si liberi dal peso psicologico del debito. Per ottenere questa liberazione, le persone diventano più disposte a ricambiare il favore, anche uno più grande di quello che hanno ricevuto.

Il principio di reciprocità consiste nella necessità di ricompensare un favore, richiesto o meno, subito dopo la sua accettazione. Questa caratteristica umana trascende qualsiasi differenza culturale o razziale, indipendentemente dalla natura del favore (che può essere qualsiasi cosa, da un semplice sorriso al lavoro fisico o piccole attenzioni). Questo principio è facile da usare: offri qualcosa e aspettati (o dai un'idea di come) di essere ricompensato. Un altro modo efficace per utilizzare questo principio è il metodo "porta a naso". Questo è più forte che offrire semplicemente un regalo e aspettare un altro regalo in cambio; è allo stesso tempo molto più sottile! Questo è un metodo in due fasi. Un modo per aumentare le possibilità di ottenere un favore è chiedere prima un altro favore, della stessa natura di quello che vogliamo raggiungere, ma molto più grande di questo. Certamente, questo primo requisito verrà rifiutato, perché è troppo alto. Dopo questo rifiuto, la richiesta si ridurrà alla seconda, quella vera. Statisticamente, quest'ultimo ha una probabilità del 95% di essere concesso. Questo perché le abitudini culturali impongono che in cambio di una concessione, devi fare un'altra concessione. Poiché riduci la prima richiesta a una più piccola, fai una concessione e anche il soggetto destinatario sarà sollecitato a fare una concessione, quindi approverà la seconda richiesta. Questo metodo funziona molto bene perché le abitudini culturali tendono ad andare oltre la logica.

Un altro principio utile è quello dell'impegno e della concordanza. Le persone istintivamente assumono un atteggiamento pubblicamente in linea con i comportamenti o pensieri manifestati, tutte le azioni successive saranno coerenti con l'atteggiamento precedentemente espresso. Comportamenti incoerenti producono tensioni mentali, che l'individuo cerca di evitare a tutti i costi; quindi farà di tutto per mostrare solidarietà con le sue azioni precedenti. Questo principio è utilizzato dal metodo "piede nella porta". Per ottenere una richiesta esplicita è sufficiente avviare preventivamente una serie di altre due o tre richieste più piccole, della stessa natura di quella reale. Queste richieste più piccole sono così irrilevanti che è impossibile negarle. Poiché, la persona, ha accettato queste richieste minori, è mentalmente condizionata ad accettare sia l'ultimo che il più grande dei requisiti. Pertanto, la persona è condizionata a essere in accordo con i suoi comportamenti precedenti.

Il principio di attribuzione si nota quando le persone fanno certe cose perché credono fermamente in una certa verità su se stesse, è come se un attributo interno del loro modo di essere provocasse certi tipi di comportamento. Se qualcuno assegna una caratteristica a se stesso internamente, si comporterà in modo specifico come un uomo che ha quella caratteristica. Se il capo dice al dipendente che lo considera una persona competente e laboriosa, il dipendente attribuirà inconsciamente la sua caratteristica di un uomo laborioso e si comporterà come tale. Ecco come anche una semplice affermazione può portare ad un cambiamento di atteggiamento o modo di agire in molti campi della vita.

A differenza di altri metodi di persuasione, quello di Sarmant non ha più fasi e non si basa su acrobazie verbali. Funziona perché offre apertamente concessioni ponte con l'interlocutore, manifestando il desiderio di ascoltare e convalidare le idee del soggetto target, il quale ha la libertà di decidere in modo chiaro senza confondere la mente con una nuvola di nebbia verbale; È la più etica di tutte le tecniche di persuasione discusse sopra, ma allo stesso tempo quella che richiede più tempo per essere realizzata.

Tuttavia, queste strategie non sono infallibili; ma se prendiamo in considerazione la moltitudine di fattori che influenzano una relazione persuasiva, allora queste tecniche avranno una forza molto maggiore e una maggiore garanzia di successo.

Un argomento di meditazione per concludere, è la moralità dell'uso di queste tecniche di persuasione, le quali non minacciano il libero arbitrio della persona, in realtà il soggetto viene supportato e invitato a prendere una decisione nel suo interesse, il quale può essere coincidente con l'interesse dell'interlocutore, vediamo ad esempio i rapporti societari o familiari quando, si hanno obiettivi comuni ma bisogna creare la strategia migliore per raggiungere uno scopo condiviso. Questo comporta intraprendere discussioni mirate dove le necessità del soggetto devono apparire o sono, per caso, coincidenti con i nostri bisogni.

XII. TEMPERAMENTO

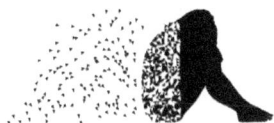

Il temperamento è la dimensione dinamico-energetica della personalità che si esprime più fortemente nel comportamento.

A) La tipologia di temperamento secondo Ippocrate

Il primo tentativo di identificare e spiegare i tipi temperamentali è dovuto ai medici dell'antichità, Ippocrate e Galeno, i quali hanno considerato che la predominanza nel corpo di uno dei quattro "stati d'animo" (sangue, linfa, bile nera e bile gialla) determina il temperamento. Su questa base stabilirono quattro tipi di temperamento: sanguigno, flemmatico, malinconico e collerico.

Il colerico è energico, irrequieto, impetuoso, a volte impulsivo e spreca le sue energie. È ineguale nelle manifestazioni e gli stati affettivi si susseguono rapidamente. Ha la tendenza a dominare in un gruppo e si dedica appassionatamente a un'idea o una causa.

Il sanguinario è vivace, allegro, ottimista e si adatta facilmente a qualsiasi situazione. Natura attiva, cambia attività molto spesso perché sente costantemente il bisogno di qualcosa di nuovo. Le sensazioni emotive sono intense, ma le sensazioni sono superficiali e instabili. Supera facilmente i fallimenti emotivi e le delusioni e stabilisce facilmente contatti con altre persone.

Il flemmatico è calmo, , imperturbabile, premuroso in tutto ciò che fa, sembra avere una pazienza sconfinata. Ha una grande forza lavoro ed è molto tenace, meticoloso in tutto ciò che fa. Chiuso, poco comunicativo, predilige le attività individuali.

Il malinconico è resistente agli sforzi prolungati, poco comunicativo, chiuso in sé. Il malinconico ha difficoltà di adattamento sociale. Il flusso verbale è basso, la gestualità nell'esprimersi è ridotta.

B) La tipologia di temperamento di Pavlov

La spiegazione delle differenze di temperamento, secondo il filosofo russo Ivan Petrovich Pavlov, dipende dalle caratteristiche del sistema nervoso centrale:

- La forza o energia è la capacità lavorativa del sistema nervoso e si esprime attraverso una maggiore o minore resistenza a forti stimoli o possibili situazioni di conflitto. Da questo punto di vista possiamo parlare del sistema nervoso forte e del sistema nervoso debole;
- La mobilità designa la facilità con cui si passa dall'eccitazione all'inibizione e viceversa, a seconda delle richieste esterne. Se il passaggio è rapido, il sistema nervoso è mobile, e se il passaggio è difficile si può parlare di sistema nervoso inerte;
- L'equilibrio del sistema nervoso si riferisce alla distribuzione della forza dei due processi (eccitazione e

inibizione). Se le ultime due hanno forze approssimativamente uguali, possiamo parlare di un sistema nervoso equilibrato.

C'è anche un sistema nervoso sbilanciato in cui l'eccitazione predominante.

La combinazione di queste proprietà si traduce in quattro tipi di sistema nervoso:

1. tipo forte - sbilanciato - eccitabile (correlato al temperamento collerico)

2. tipo forte - equilibrato - mobile (correlato al temperamento sanguigno)

3. tipo forte - equilibrato - inerte (correlato al temperamento flemmatico)

4. tipo debole (correlato al temperamento malinconico)

Gheorghe Zapan ha determinato quattro livelli del sistema temperamentale: il livello motorio generale (dell'attività), il livello affettivo, il livello percettivo-immaginativo e il livello mentale (del pensiero). Ogni livello è caratterizzato da indici temperamentali: forza, equilibrio, mobilità, persistenza, tono emotivo (stenico e astenico) e direzione (estroverso o introverso). Gh. Zapan ha sviluppato un metodo per educare la capacità di apprezzarsi a vicenda, chiamato metodo di apprezzamento oggettivo della personalità.

C) Tipologia di temperamento di Jung ed Eysenck

Lo psichiatra svizzero Carl Jung ha scoperto, sulla base di un'impressionante esperienza clinica, che oltre alle differenze individuali, ci sono differenze tipiche tra le persone. Alcune persone sono prevalentemente orientate verso il mondo esterno e rientrano nella categoria degli estroversi, mentre altre sono prevalentemente orientate verso il mondo interiore e appartengono alla categoria degli introversi.

Gli estroversi sono aperti, socievoli, comunicativi, ottimisti, sereni, benevoli, vanno d'accordo o discutono con coloro che li circondano e rimangono in relazione con loro. Gli introversi sono chiusi, difficili da penetrare, timidi, poco comunicativi, inclini a sognare ad occhi aperti e difficili ad adattarsi.

Lo psicologo inglese Hans Eysenck riprende questa distinzione di Jung, amplificando la casistica probatoria, ma aggiunge una nuova dimensione chiamata "grado di nevrosi". Ciò esprime la stabilità o instabilità emotiva del soggetto.

Eysenck, rappresentava le due dimensioni su due assi perpendicolari, ottenendo i tipi estroverso - stabile, estroverso - instabile, introverso - stabile e introverso - instabile, che associava ai quattro temperamenti classici.

D) Tipologia di temperameto della scuola franco-olandese

Gli psicologi olandesi G. Heymans ed E. D. Wiersma propongono una tipologia di temperamenti molto più articolata che verrà ripetuta e specificata dagli psicologi francesi Rene Le Senne e Gaston Berger. Partono da tre fattori fondamentali: emozione, attività e risonanza. La loro combinazione si traduce in otto tipologie caratteriali.

L'emotività esprime le reazioni emotive delle persone a diversi eventi e le emozioni tendono ad essere fortemente disturbate anche per le piccole cose. Al contrario, le persone non emotive sono quelle che hanno difficoltà a diventare emotive e le cui emozioni non sono troppo violente.

L'attività designa la disposizione all'azione di una persona. Le persone attive hanno una disposizione continua all'azione, non possono stare ferme. I non attivi agiscono come contro la loro volontà, con sforzo e lamentandosi continuamente.

L'eco si riferisce all'eco che diversi eventi, impressioni hanno su di noi. Quelle persone alle quali gli eventi, anche insignificanti, hanno una forte eco sono chiamate persone secondarie. Le persone il cui eco degli eventi è ridotto sono chiamate persone primarie.

Esistono otto tipi di temperamento: passionale (emotivo, attivo, secondario), collerico (emotivo, attivo, primario), sentimentale (emotivo, inattivo, secondario), nervoso (emotivo, inattivo, primario), flemmatico (non emotivo, attivo, secondario), assetato di sangue (non emotivo, attivo, primario), apatico (non emotivo, non attivo, secondario), amorfo (non emotivo, non attivo, primario).

XIII. TIMIDEZZA - MALATTIA SOCIALE

L'era dell'elettronica ha lo scopo di darci più tempo libero; ma in realtà abbiamo la sensazione che il tempo a nostra disposizione per le passioni e gli svaghi sia sempre inferiore alle necessità, generandoci una percezione di mancanza di tempo a nostra disposizione. La tecnologia ci ha resi efficienti e ne ha ridefinito il tempo e il valore per esso; non deve essere perso, ma usato rapidamente e con uno scopo, d'altra parte, la tecnologia definisce continuamente il modo in cui comunichiamo. Le persone sono sempre più spesso sottoposte a interazioni dirette dovute a telefoni, fax, Internet, social, ecc., i quali danno l'illusione di un contatto diretto (infatti, l'unica cosa che si tocca generalmente è un tasto o uno schermo. Il numero sempre minore di opportunità di contatto diretto tra le persone pone le persone timide in grande svantaggio.

Gli studi dimostrano che dal 1975 ad oggi la frequenza della timidezza è aumentata dal 40% al 48%. Le persone timide, apparentemente gentili e tranquille, infatti, vivono in un continuo stato di esitazione, analizzando costantemente le loro parti negative e preoccupandosi troppo dell'opinione degli altri su di loro. Ad una festa, ad esempio, mentre le persone estroverse si conoscono, ballano, le persone timide cercano modi per controllare l'impressione pubblica che generano ("Se mi siedo nell'angolo più lontano della stanza e faccio finta di guardare il dipinto dal muro tutti penseranno che sono interessato all'arte e non avrò bisogno di parlare con nessuno"). Nel frattempo, il loro cuore batte forte, il loro battito cardiaco aumenta, il loro stomaco si irrigidisce - tutti segni psicologici di vera sofferenza e infelicità.

In uno dei suoi articoli, Zimbardo (un noto psicologo italiano) ha elencato le conseguenze dannose della timidezza la quale genera una serie di problemi sociali, come la difficoltà a conoscere persone e fare amicizia, che condanna i timidi alla solitudine e alla depressione. Compaiono anche problemi cognitivi: l'incapacità di pensare chiaramente in presenza degli altri, con la tendenza a rimanere bloccati nelle conversazioni. Possono sembrare disinteressati o maleducati perché in realtà sono molto nervosi. Eccessivamente egocentrici, sono costantemente preoccupati per ogni aspetto del loro aspetto e comportamento. Vivono costantemente sotto la pressione di due paure: non essere visti dagli altri e la paura di essere notati, ma considerati insignificanti. L'articolo di Zimbardo ha segnato un nuovo campo di studio, le ultime conclusioni raggiunte per comprendere questa malattia sono le seguenti:

L'incidenza della timidezza nel mondo ha raggiunto il 48% ed è in aumento;

In generale, la timidezza è nascosta;

Alcune persone nascono con un'inclinazione del temperamento verso la timidezza. Tuttavia, questo non condanna queste persone ad "evitare di guardare gli altri".

Molto è dovuto all'educazione familiare, si parla persino di neurobiologia della timidezza. Almeno tre centri cerebrali che mediano la paura e l'ansia sono coinvolti nei comportamenti timidi.

Per la maggior parte, la timidezza si acquisisce o si affievolisce attraverso l'esperienza di vita. L'incidenza della timidezza varia da paese a paese, sembrerebbe che gli israeliani siano i meno timidi di tutti gli abitanti del pianeta. Un fattore importante che determina la timidezza è il diverso stile di ciascuna cultura di attribuire lodi e punizioni ai bambini.

La timidezza ha un certo valore per la sopravvivenza.

A) La storia naturale della timidezza

La timidezza non è sempre stata fonte di sofferenza, essere timidi o inibiti ha una funzione protettiva, poiché dà luogo alla cautela. Indubbiamente, la timidezza ha tolto l'Homo-sapiens da alcune situazioni "tese" nel corso dei secoli. Inizialmente, la timidezza serviva da arma protettiva per il sé fisico, dopo tutto, solo dopo essersi completamente abituato a un nuovo ambiente, un animale si sente al sicuro, si comporta in modo naturale, rilassato ed esplora l'ambiente circostante. Il processo di sistemazione e adattamento è una caratteristica fondamentale di tutti gli organismi.

Con l'aumento della consapevolezza umana, la principale minaccia ora è l'imbarazzo psicologico, lo stato delle persone che si sentono confuse. Ogni individuo possiede, in una certa misura, quella che viene chiamata inibizione sociale, una piccola dose di timidezza fa bene a chiunque; troppo, tuttavia, non serve a nessuno e come abbiamo visto può risultare dannosa.

La tecnica è un ambiente perfetto per i timidi. Internet, ad esempio, è un modo per interagire con gli altri. Qualsiasi tipo di comunicazione indiretta rimuove molte delle barriere che inibiscono il timido. Il pericolo, tuttavia, è che la tecnologia possa diventare una barriera dietro coloro che temono le relazioni sociali dirette.

B) Suggerimenti per i genitori

Per non avere figli timidi, i genitori devono seguire alcuni consigli dati dagli psicologi:

- Non essere super protettivo; lasciare che il bambino affronti le sfide da solo; incoraggiarlo a esplorare nuove cose e situazioni.
- Mostrare loro rispetto e comprensione; parlargli dei loro sentimenti, nervosismi e paure; superare l'ansia e la paura non è un processo semplice; ci vuole simpatia, pazienza e perseveranza;
- Incoraggiarli tutto il tempo, soprattutto quando si sentono imbarazzati o "turbati";
- Aiutarli a fare amicizia; i bambini timidi giocano meglio con i bambini più piccoli di loro;
- Consultare gli insegnanti sulle misure da prendere in classe o nel cortile a favore di tuo figlio;
- Preparare tuo figlio a nuove esperienze, aiutalo a preparare le sue attività che rappresentano per lui nuove situazioni:

^^ Come chiedere informazioni a uno sconosciuto

^^ Come comportarsi a una festa;

- Aiutarlo a trovare attività adatte alla sua età, essere coinvolto in attività extrascolastiche;
- Dai loro sostegno indiretto, mostra loro la tua gratitudine e il tuo orgoglio;
- Attenzione ai litigi in presenza del bambino, è molto importante garantire sicurezza e armonia in famiglia;
- Usa il tuo comportamento come esempio da seguire per tuo figlio;
- La cosa più importante è parlare, tollerare, comprendere e amare i tuoi figli così come sono, anche timidi, e non obbligarli ad essere come vorresti che fossero.

C) Aiutare i timidi

Di due persone, una è timida. Sii sensibile al fatto che le altre persone potrebbero non essere sicure di se stesse e sicure come te. È tuo dovere far sentire a proprio agio gli altri intorno a te.

Agisci in modo tale da tirare fuori il meglio dagli altri in ogni situazione. Ad esempio, assicurati che nessuno in una riunione monopolizzi l'attenzione, tutti i presenti devono ricevere una certa attenzione.

Gli insegnanti dovrebbero porre più domande a coloro che non parlano molto.

Alle feste, "rompi il ghiaccio" avvicinandoti a chi è solo e attirandolo nella tua cerchia di amici.

Aiuta gli altri a essere coinvolti in conversazioni condivise. Scopri ponendo domande, cosa interessa alla persona timida accanto a te e apri la discussione su questo argomento.

Le persone timide non intervengono in una discussione ininterrotta; se sei molto loquace in una conversazione, assicurati di dare parola e ascolto gli altri così da allenare anche i più timidi.

D) Ricordare

Bisogna fare una distinzione tra introversi e timidi.

Gli introversi hanno la capacità di comunicare e hanno l'autostima necessaria per relazionarsi con gli altri, ma preferiscono essere soli. Le persone timide vogliono davvero stare con gli altri, ma sono carenti in termini di abilità sociali e autostima.

Ciò che unisce le persone timide di ogni tipo è la loro acuta consapevolezza di sé, infatti sono "consapevoli" anche della propria autocoscienza, passano così tanto tempo a concentrarsi su se stessi e sulle loro debolezze che hanno troppo poco tempo per guardarsi intorno.

Essendo un aspetto della personalità, la timidezza si ritrova, prima o poi, in ognuno di noi, ma senza generare disturbi profondi che necessitano di essere oggetto di terapia. Quando, invece, la timidezza è strutturale, profonda e duratura, l'intervento di un terapista può risultare necessaria e persino imperativa.

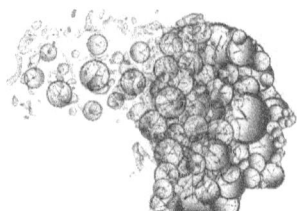

XIV.   TIPOLOGIE DI INTELLIGENZA

L'intelligenza è una cosa strana. Alcune persone che si pensa siano intelligenti hanno risultati terribili nei test standardizzati. Le persone che salvano vite umane non sono sempre intelligenti e alcune persone autistiche possono leggere, raccogliere o scrivere più velocemente o meglio delle persone con un QI elevato. Rendendoci conto che esistono molti tipi distinti di intelligenza, possiamo comprendere l'intelligenza molto meglio.

La caratterizzazione dell'uomo come rappresentante dell'essere intelligente è valida in questa forma generale, così come in ogni sua concretizzazione, proprio in virtù dell'esistenza di diversi tipi di intelligenza.

La professionalizzazione degli individui in diversi campi di attività porta alla formazione e allo sviluppo di particolari tipi di intelligenza, le quali rappresentano l'applicazione e l'amplificazione dell'intelligenza generale, o la capitalizzazione dell'intelligenza fluida, o il risultato dell'apprendimento in uno specifico campo di attività. Possiamo citare, da questo punto di vista, intelligenza matematica, intelligenza generale, intelligenza tecnica.

Da un punto di vista simile, che evidenzia le molteplici dimensioni dell'intelligenza, alcuni autori parlano di molteplici intelligenze.

Così, Howard Gardner stabilisce, in questo quadro concettuale, diversi tipi di intelligenza che, a suo parere, possono essere differenziati da una serie di osservazioni. Ad esempio, se qualcuno ha subito una lesione cerebrale, ma la sua capacità è rimasta intatta, significa che l'abilità è una forma di intelligenza. Un'altra osservazione si verifica quando una persona è estremamente talentuosa in un campo ma è in qualche modo nella media in tutti gli altri.

I primi sette tipi di intelligenza sono: linguistica, logico-matematica, spaziale, musicale, cinestetica, intrapersonale e interpersonale, a cui ha aggiunto l'intelligenza naturalistica.

Questi tipi di intelligenza, insieme alle abilità e occupazioni più comuni delle rispettive persone, sono stati raggruppati nella seguente tabella:

Tipologia di Intelligenza	Abilità	Lavoro
Linguistica	-relativo alla lettura della lingua -la scrittura	-Scritore -Oratore -Insegnante
Logico-matematica	-matematica -logica -analitico	-Scienziati -Filosofi -Matematici
Spaziale	-comprensione e manipolazione delle connessioni spaziali	-Artista -Ingegnere -Architetto
Musicale	-composizione e interpretazione di pezzi musicali	-Musicisti -Compositori
Cinestetica	-atletico	-singoli atleti o in squadra
Intrapersonale	-comprensione e auto conoscenza	-Ingegneri artisti
Interpersonale	-comprensione e conoscenza degli'altri	- consulenti - terapisti

Sulla base di questa conoscenza, l'effetto e l'impatto della tecnologia sul modo in cui un certo tipo di intelligenza può essere accentuato negli studenti della scuola primaria e secondaria quando la loro influenza su di essi può essere fondamentale potrebbe essere ricercato in particolare con il merito di Dee Dickinson.

A) Tecnologie che aumentano l'intelligenza linguistica

Proprio come la tipografia ha rivoluzionato l'apprendimento e il pensiero nel XV secolo, così il computer ha creato una rivoluzione simile oggi. In tutte le reti di computer e database in tutto il mondo, gli studenti hanno accesso diretto alle informazioni correnti. In ogni campo della conoscenza, i sistemi educativi stanno cambiando perché sia gli studenti che gli insegnanti stanno imparando a usare la tecnologia multimediale. I bambini che non sanno ancora scrivere e leggere scrivono storie con l'ausilio di programmi che in alcuni casi ripetono agli studenti ciò che avevano scritto. Nuovi programmi consentono ai bambini di scrivere o inserire grafici in testi simili a puzzle come "Wings of Learning", "Muppet Slate". Altri programmi come "Pine Artist and Creative Writer" di Microsoft rendono possibile formattare progetti di scrittura in forme diverse, scrivere parole in diverse dimensioni e forme e accompagnarle con diversi effetti sonori. Questi programmi sono molto motivanti sia per gli scrittori principianti che per quelli avanzati.

Il numero crescente di programmi di facile utilizzo consente di combinare informazioni in varie forme, comprese parole, immagini e suoni. Gli studenti possono ora registrare, ordinare e intersecare informazioni, note, bibliografie e creare report multimediali per creare un'avventura di apprendimento. Gli insegnanti possono sviluppare il proprio "archivio" di corsi, creare database che collegano documenti, presentare presentazioni pre-programmate con supporto video e arricchire i loro corsi con un surplus di tecnologia descritto nei capitoli di altri tipi di intelligenza.

Il computer incoraggia gli studenti a rivedere e riscrivere le loro composizioni e sviluppare così una maggiore scioltezza e uno stile più efficiente. La scrittura a mano o la digitazione spesso inibiscono la correzione e la revisione, ma il computer spesso facilita questi processi e dà allo studente un maggiore senso di controllo su ciò che scrive. Quando gli studenti vedono il loro lavoro in un formato dall'aspetto professionale, diventano più interessati allo studio e alla padronanza della meccanica che gli daranno la brillantezza finale. Alcuni dei più importanti programmi di elaborazione testi sono Microsoft Word, Word Perfect e Ami Pro per Windows.

Imparare a scrivere nelle scuole elementari oggi è importante quanto la scrittura con penna e imparare a usare un elaboratore di testi è importante per gli studenti quanto imparare a digitare. I bambini sono incoraggiati a utilizzare queste opportunità nella comunicazione e collaborazione con gli studenti a distanza su una varietà di progetti, attraverso un numero crescente di reti elettroniche. Telefoni e modem essenziali per questi processi dovrebbero essere l'equipaggiamento standard di qualsiasi classe.

Lo sviluppo delle competenze linguistiche per l'intera popolazione può essere catalizzato da nuovi straordinari strumenti elettronici per l'accesso e l'elaborazione di informazioni e comunicazioni, l'apprendimento e lo sviluppo dell'intelligenza a un livello senza precedenti.

B) Tecnologie che aumentano l'intelligenza logico-matematica

L'intelligenza logico-matematica può essere praticata o sviluppata su molti tipi nuovi e stimolanti di tecnologie multimediali. Gli studenti di qualsiasi livello possono apprendere in modo molto efficace attraverso interessanti programmi software che forniscono un feedback immediato e vanno ben oltre l'esercizio. Molti di questi forniscono opportunità per praticare e sviluppare capacità di pensiero di livello superiore che sono essenziali per la risoluzione dei problemi. Di seguito sono riportati alcuni esempi dei tanti programmi che sono ora sul mercato.

"Millie's Mathhouse" di Edmark è un programma meraviglioso e di successo che introduce i numeri e i concetti di matematica ai bambini della scuola materna o elementare. È pieno di colori, suoni, musica e grafica e funziona tramite un touch screen. I bambini vengono introdotti ai concetti matematici essenziali mentre lavorano su insetti animati, azionano un forno virtuale o creano forme con animali parlanti. Mentre esplorano e scoprono, i bambini imparano a conoscere numeri, forme, dimensioni, schemi e risoluzione dei problemi.

Per gli studenti delle scuole elementari, il programma IBM "Math and More" introduce gli studenti a schemi, relazioni, geometria, probabilità e statistiche attraverso materiali stampati o video altamente motivanti.

"Geometria, fisica e calcolo" di Broderbund rende alcuni argomenti astratti e spesso difficili, più concreti e facili da capire mentre gli studenti manipolano grafici colorati. "The Physics of Auto Collisions" e "The Tacoma Narrows Bridge Collapse" utilizzano eventi reali per connettersi con la fisica e le applicazioni pratiche. Man mano che gli studenti analizzano eventi reali in termini scientifici e matematici, i principi della fisica diventano più comprensibili e pertinenti.

Una delle prime avventure, "Rescue at Boone's Meadow", presenta il compito di trasportare un'aquila gravemente ferita da un veterinario a 100 km di distanza il più rapidamente possibile. A causa del terreno difficile, gli studenti devono trovare una combinazione ottimale di utilizzo di camion, aereo o arrampicata, tenendo conto del carburante, del peso e dei diversi punti di partenza. Gli studenti utilizzano una combinazione di dischi video ad accesso casuale, mappe e computer per generare soluzioni alternative. Gli studenti di quinta elementare erano affascinati da questo compito e motivati a risolverlo con soluzioni che richiedono oltre 15 passaggi.

"Learn Smart" è un nuovo software che apprezza i punti di forza e di debolezza e offre strategie per aumentare la forza intellettuale. È adatto a studenti di tutti i livelli.

Un certo numero di giochi ricreativi ha anche molto da offrire in termini di nuove sfide intellettuali. Ad esempio, "Lost Mind of Dr. Brain" di Sierra utilizza tutta l'intelligenza per elaborare enigmi e attività di risoluzione dei problemi. Le abilità logiche e matematiche, il pensiero anticipatorio e il rapido processo decisionale, il pensiero simbolico, il ragionamento efficace e altri processi di pensiero di alto livello vengono elaborati mentre i giocatori affrontano una serie di sfide inaspettate. Mentre riconoscono canzoni invertite, rompono codici, navigano in labirinti, utilizzano vari sistemi di recupero per trovare file misti e manipolano e ruotano immagini mentali, i giocatori ricevono "un massaggio cerebrale totale". Hanno opzioni per giocare su alcuni livelli di difficoltà e quando vengono utilizzati in classe gli insegnanti possono scegliere di seguire le attività correlate per garantire che il trasferimento delle competenze avvenga senza interruzioni.

Lo scopo di questa ricerca è dimostrare che l'apprendimento e il pensiero sono sempre inseriti nel contesto, che il sapere e il fare sono strettamente collegati e, di conseguenza, quelle attività di apprendimento autentiche e l'esperienza diretta producono ricche opportunità per un modo di apprendimento di successo.

C) Tecnologie che aumentano l'intelligenza cinestetica

I computer fanno molto affidamento sulla coordinazione visiva, della tastiera e sull'uso del mouse per operare. L'attività cinestetica rafforza l'apprendimento e rende lo studente un partecipante attivo nel processo di apprendimento.

La popolarità dei videogiochi è dovuta alla totale dedizione del giocatore e alla risposta fisica estremamente abile alla sfida. Giochi come "Pong" e "Breakout" sono stati tra i primi a dimostrare il fascino di questo tipo di tecnologia. Successivamente, "Tetris" è stato progettato da Alexey Pajitnov, un matematico e ricercatore russo nel campo dell'intelligenza artificiale. Richiede un rapido processo decisionale e coordinazione occhio-mano, insieme a un rapido test dell'ipotesi. Indubbiamente, questo tipo di sfide d'azione "pacchetto" sono quelle che attraggono i giovani studenti i quali si annoierebbero in classe anche se l'impegno richiesto nel tipo di pensiero spaziale e logico risulta essere lo stesso.

I viaggi elettronici sul campo, anche se non hanno nulla a che fare con il corpo fisico, fanno comunque sentire gli studenti come se esplorassero i fondali marini o si trovassero all'interno di un vulcano mentre accompagnano i ricercatori ovunque vogliano. Recentemente, classi di studenti, collegate elettronicamente ad esploratori che studiano le placche tettoniche nelle profondità del Mediterraneo, sono state in grado di comunicare con scienziati, porre domande o chiedere di vedere più da vicino superfici o oggetti.

La tecnologia multimediale include anche molta attività fisica mentre le informazioni vengono raccolte da database, libri e foto e nuove informazioni vengono generate sul computer, e infine quando vengono messe insieme elettronicamente tramite programmi ipermediali., Come HperCrd o LinkWay. Inutile dire che la produzione di film o programmi di danza include ed elabora l'intelligenza cinestetica.

Shirley Ririe e Joan Woodbury della compagnia di danza Ririe-Woodbury hanno trovato nuovi modi per utilizzare la tecnologia nell'insegnamento della danza. Amplificano la danza con immagini generate al computer o hanno una videocamera che modifica istantaneamente una lezione mentre proietta la versione modificata sullo schermo dietro i ballerini. Questo tipo di collaborazione tra il coreografo, il registratore e i ballerini crea una nuova forma di danza. Anche le produzioni drammatiche utilizzano queste combinazioni di tecnologia e attività fisica. Ad esempio, in una recente produzione della commedia MacBeth, un ologramma è apparso contemporaneamente agli attori sul palco.

In un momento in cui la tecnologia può facilmente trasformarci in osservatori passivi o semplicemente in ricevitori di informazioni, non solo è possibile, ma anche essenziale per gli alunni/studenti impegnarsi attivamente nel processo di apprendimento, come mostrano gli esempi precedenti.

D) Tecnologie che aumentano l'intelligenza visivo-spaziale

Gli studenti di oggi sono cresciuti guardando la TV e sono estremamente bravi nell'apprendimento, visivo. Pannelli, proiezioni e filmati sono elementi importanti dell'apprendimento. Anche le stampanti e le fotocopiatrici svolgono un ruolo essenziale in qualsiasi attività accademica. Quando anche i sistemi interattivi fanno parte del processo di apprendimento, gli studenti diventano osservatori passivi e pensatori attivi.

Ad esempio, la videocamera viene utilizzata come apprendimento attivo in diversi modi. Invece di eseguire un programma dall'inizio alla fine, gli insegnanti possono approfittare dell'opportunità per interrompere, restituire o riprendere. Frequenti opportunità di discutere ciò che si è visto e ciò che si vedrà possono rendere possibile l'apprendimento anticipatorio e partecipativo che è fondamentale nel processo educativo.

Gestito tramite una videocamera o un monitor TV o due e un PC, il sistema IVD (disco video interattivo) è molto facile da usare e da apprendere. È abbastanza flessibile da incorporare altre tecnologie come CD-ROM, DVI (Digital Video Interractive), CDI (Compact Disc Interractive) e intelligenza artificiale.

Le periferiche visive che amplificano le materie e le capacità di apprendimento sono una parte importante dei corsi di apprendimento accelerato. In alcune scuole più recenti, possono essere esposti interi pannelli elettronici; in altri schermi o monitor enormi svolgono questa funzione. Sia gli insegnanti che gli studenti possono essere coinvolti nella creazione di messaggi visivi per la visualizzazione, utilizzando materiali, come ad esempio, file di documentari o trasmissioni in diretta tramite reti di computer.

All'orizzonte c'è la realtà virtuale che farà impallidire tutte le simulazioni al confronto. Fin dall'inizio, questo mondo generato dal computer offre metodi di apprendimento memorabili in nuove dimensioni. Uno studente indossa un auricolare che contiene un monitor in miniatura, cuffie e un guanto elettrico. Questa apparecchiatura è collegata a un computer che coordina l'input sensoriale con il movimento fisico. Il computer controlla la posizione della mano con il guanto e creerà esperienze reali. Uno dei primi programmi ha permesso al partecipante di camminare su una strada ad Aspen, osservare i dintorni e persino cambiare le stagioni. Quando il partecipante raggiunge l'angolo dirigendo il mouse elettronico, può girare a sinistra oppure a destra per esplorare i dintorni. Ci vuole un po 'di immaginazione per progettare ciò che tali esperienze di apprendimento potrebbero offrire agli studenti che studiano fisica, chimica, medicina.

Sebbene questi strumenti visivo-spaziali non siano essenziali per il processo di apprendimento, forniscono mezzi motivanti per spingere lo studente ad apprendere esercitando l'intelligenza visivo-spaziale e per rendere qualsiasi materia più accessibile a una varietà di studenti. Saranno un vero aiuto per gli studenti con difficoltà fisiche o bisogni speciali.

E) Tecnologie che aumentano l'intelligenza musicale

Lo sviluppo dell'intelligenza musicale può essere amplificato dalla tecnologia nello stesso modo in cui la fluidità verbale è amplificata dal word processor: MIDI (Musical Instrument Digital Interface) permette di comporre e orchestrare molti strumenti distinti attraverso il computer. "Music Writer" di Pyware e "Music Studio" di Activision sono esempi di programmi che trasformano questa magia in realtà. "Musicland" di Menulay è stato utilizzato con successo con bambini fino a 3 anni. Consente ai bambini di comporre musica immediatamente manipolando le note e rappresentando graficamente i concetti di computer music. Uno studente può disegnare una forma sullo schermo del computer per vederla trasformata in notazione musicale. Lo studente colora quindi le note con colori diversi per diversi strumenti, dopodiché il computer riproduce il suono sintetizzato.

"Band-in-a-Box" di PG Software consente agli studenti di improvvisare registrazioni di note canzoni jazz, pop, rock o folk. Presenta anche la facilità di editing in modo che lo studente possa creare il proprio stile musicale. Le loro improvvisazioni e composizioni possono essere salvate in un file midi e inviate a un programma di stampa musicale.

ATMI (Association for Technology in Music Instruction) pubblica annualmente una directory che elenca e riassume tutti i programmi per computer esistenti, i dischi video, i film, i CD-ROM e la tecnologia musicale hardware sul mercato. Questi possono essere trovati attraverso una tessera ATMI.

Un tale sistema di supporto tecnologico per l'apprendimento della musica e l'apprezzamento della musica porta non solo alla propensione ma anche alla comprensione profonda. Lo sviluppo del pensiero musicale e della creatività musicale può così essere arricchito e ampliato.

F) Tecnologie che aumentano l'intelligenza interpersonale

Gli studenti usano spesso la tecnologia da soli e per scopi come la riparazione o l'esplorazione personale questa è preferita. La ricerca attuale indica, tuttavia, che quando gli studenti usano i computer in coppia o in piccoli gruppi, la comprensione e l'apprendimento sono facilitati e accelerati. Esperienze di apprendimento positive possono portare gli studenti a condividere i risultati, sostenersi a vicenda nella risoluzione dei problemi e lavorare in modo collaborativo sui progetti. Nel posto di lavoro di oggi, tali abilità stanno diventando sempre più importanti.

Ci sono molti modi in cui la tecnologia può essere utilizzata in classe per aumentare le capacità interpersonali. Ad esempio, gli studenti possono essere videoregistrati mentre fanno una presentazione. In questo modo possono osservare le espressioni facciali e i movimenti del corpo per vedere se amplificano o meno ciò che volevano esprimere. I gruppi di studenti possono discutere le proprie osservazioni, comprendendo che dovrebbero iniziare e finire con un'osservazione positiva e che le critiche dovrebbero essere usate solo in modo costruttivo.

Le abilità interpersonali possono essere migliorate attraverso piccoli gruppi in presenza o via web. Il contatto faccia a faccia tra due bambini che possono essere visti e ascoltati attraverso la tecnologia è estremamente motivante per lo sviluppo delle capacità di comunicazione poiché studenti provenienti da diverse parti del paese o del mondo si incontrano in rete per risolvere problemi ambientali, economici, politici o di altro tipo sociale.

L'apprendimento a distanza facilita la comunicazione tra studenti e insegnanti in diverse parti della comunità, dello stato o del mondo. Questa tecnologia interattiva sviluppa abilità interpersonali avanzate e abbatte la barriera culturale in modo che studenti e insegnanti imparino a comunicare in modi nuovi e appropriati all'ambiente.

G) Tecnologie che aumentano l'intelligenza intrapersonale

Lo sviluppo dell'intelligenza intrapersonale può essere facilitato utilizzando una tecnologia di esplorazione ed espansione della mente umana. La tecnologia fornisce i mezzi per seguire una linea di pensiero in grande profondità e per avere accesso casuale a idee divergenti. L'opportunità per gli studenti di fare tali scelte può dare loro il controllo sul loro sviluppo intellettuale e di apprendimento.

Sebbene la maggior parte della tecnologia utilizzata nelle aule oggi sia ancora per la parte pratica, molti insegnanti trovano che le applicazioni informatiche hanno successo nello sviluppo di capacità di pensiero di alto livello. Le classi che utilizzano la tecnologia informatica diventano così centri di interrogatorio. Gli studenti imparano così non solo a utilizzare database, ma anche a creare la propria tecnologia per esplorare e sviluppare la propria intelligenza, costruendo così "modelli mentali" con cui visualizzare le connessioni tra idee in qualsiasi campo.

Bob Olson dell' "Associate of the Institute for Alternative Futures di Alexandria, Virginia", osserva che "l'ipermedia potrebbe espandere molto bene la capacità di pensare in modo olistico - essere in grado di passare dal dettaglio alla panoramica per vedere l' "intero". L'ipermedia presenta materiale multimediale simile al cervello umano, creando connessioni tra idee e immagini proprio come l'ipertesto fa con le parole.

John Sculley, amministratore delegato di Apple, suggerisce che tra qualche decennio le persone guarderanno indietro e si chiederanno come qualcuno avrebbe potuto conservare così tanta conoscenza senza l'aiuto di tali "robot della conoscenza" o "navigatori della conoscenza". Si tratta di potenti strumenti che possono diventare un'estensione del cervello umano e possono facilitare l'esplorazione e l'espansione dell'intelligenza intrapersonale se usati correttamente e sensibili ai bisogni dello studente.

H) Tecnologie che aumentano l'intelligenza naturalistica

Man mano che le tecnologie elettroniche diventano sempre più parte integrante della nostra vita, è essenziale riconoscere che non sostituiscono l'interazione e l'esperienza umana con il mondo naturale. Sono comunque ottimi strumenti per facilitare le indagini scientifiche, l'esplorazione e altre attività naturalistiche. La tecnologia delle telecomunicazioni aiuta gli studenti a comprendere il mondo al di là del loro ambiente e li aiuta a vedere come le loro azioni possono influenzare il mondo che li circonda. Come si vedrà negli esempi seguenti, questi strumenti possono consentire agli studenti di comprendere le esperienze reali con un grado di dettaglio maggiore e più profondo.

Molte scuole abbattono figurativamente i muri delle classi. Ad esempio, presso la Clear View Charter School di Chula Vista, California, i bambini di quarta e quinta elementare partecipano a sessioni online con il microscopio elettronico presso l'Università di San Diego. Gli studenti che hanno raccolto, letto, classificato e studiato insetti possono vedere i loro soggetti in modo più accurato, porre domande e discutere varie osservazioni con un entomologo dell'Università.

Tra le molte organizzazioni che offrono apprendimento online ed esplorazioni avventurose ci sono: National Geographic Online che consente agli studenti di fare spedizioni con famosi esploratori geografici e fotografi;

Interactive Archaeological Dig porta gli studenti della scuola elementare a lavorare virtualmente con gli archeologi. "Class Afloat" è una crociera virtuale per studenti, che segue le avventure di un gruppo di alunni sulla nave Concordia mentre girava intorno al globo. Mungo Par di Microsoft, una rivista di avventura online, offre sessioni di discussione con gruppi di esploratori, che riportano anche la loro esperienza su Internet, sulla base di comunicazioni satellitari, laptop e fotocamere digitali.

Sono disponibili anche numerosi CD, come Magic School Bus di Scolastic, che accompagna gli studenti in viaggi elettronici nella foresta pluviale del Costa Rica, negli oceani, nel sistema solare o nell'era dei dinosauri. Le serie Sim, tra cui SimLife, che ti permette di creare il tuo ecosistema, e Sim Ant, che ti permette di costruire un mondo di formiche, I Spy e altri sono altri ottimi esempi di questo tipo di strumento.

Nel concludere questa discussione su come la tecnologia può aumentare l'intelligenza naturalistica, torniamo agli studi più elementari della natura, ad esempio lo studio della natura umana e dell'ecologia del cervello. Fino a pochi anni fa, la maggior parte di questi studi veniva effettuata attraverso la chirurgia e l'osservazione di persone con danni cerebrali. Ora è possibile non solo vedere le strutture cerebrali con tecnologie non invasive come PET e TAC, ma anche vedere l'attività cerebrale attraverso la risonanza magnetica funzionale. Stiamo appena iniziando a capire cosa ci dicono queste informazioni sulle differenze nell'apprendimento.

Gli strumenti e le risorse menzionati negli esempi sopra sono solo alcuni degli esempi di modi per risvegliare, attivare, arricchire e approfondire l'apprendimento attraverso la tecnologia. I muri delle aule stanno infatti cadendo, mentre l'intero mondo dell'apprendimento sta diventando accessibile a studenti e insegnanti, che possono così diventare partner di scienziati ed esploratori nella scoperta e nella costruzione di conoscenze sul nostro pianeta e dei suoi abitanti.

XV. DIMENTICARE

CHE COS'È?

COME COMBATTERLO?

Il fatto che non tutte le conoscenze, le informazioni che acquisiamo siano conservate e aggiornate, è molto diffuso, È noto che molti dei dati della nostra precedente esperienza diminuiscono, si disintegrano, scompaiono dalla nostra mente. C'è il cosiddetto fenomeno dell'oblio, che è stato spesso interpretato come il contrario della conservazione della memoria. Sebbene, a prima vista, sembrerebbe che l'oblio sia un fenomeno relativamente semplice, in realtà non è affatto così. Molti anni fa, era la principale preoccupazione di molti ricercatori psicologici, particolarmente interessati ad aumentare i poteri di memorizzazione degli individui, la produttività di questa facoltà umana. In relazione all'oblio, ci soffermeremo solo su alcune questioni che solleveremo sotto forma di domande.

Quindi: cosa si sta dimenticando? Per quanto strano possa sembrare, l'oblio è, entro certi limiti, un fenomeno naturale, normale e soprattutto relativamente necessario. La gente dice, inoltre, che l'oblio è "scritto nelle leggi umane". Così come si riempirebbe un magazzino di materiali, nelle condizioni del suo sovraccarico non dando la possibilità di immagazzinare altri materiali, così come il magazzino della memoria potrebbe essere sovraccarico, non darebbe all'individuo l'opportunità di conservare nuove e ulteriori conoscenze, come delle esperienze di vita attuali e recenti. Dunque l'oblio interviene come una valvola che lascia defluire, elimina ciò che non corrisponde più alle nuove esigenze poste di fronte all'individuo. In relazione alla memoria, che, come abbiamo visto, tende a fissare e conservare le informazioni, l'oblio è un fenomeno negativo. Invece, in relazione alle esigenze pratiche, alle esigenze quotidiane, è un fenomeno positivo e questo perché il graduale dimenticarsi di alcune informazioni contribuisce a riequilibrare il sistema cognitivo dell'individuo, conferendogli un aspetto duttile, dinamico e autosufficiente, senza essere imbarazzati da ciò che sarebbe "troppo" e soprattutto "superfluo". L'oblio è ciò che conferisce alla memoria il suo carattere selettivo, perché, grazie ad esso, non conserviamo e aggiorniamo assolutamente tutto, ma solo ciò che è necessario. il carattere necessario dell'oblio deriva dal fatto che ha importanti funzioni di regolazione e autoregolazione del sistema mnemonico dell'individuo, nel senso che ne consente lo "scarico" e ''l'eliminazione" di tutte le informazioni superflue percepite come zavorra per fare spazio al nuovo materiale informativo che deve essere padroneggiato. Ci auguriamo che il lettore abbia ricordato che solo in determinate condizioni l'oblio è un fenomeno naturale e relativamente necessario. Quando queste condizioni (o limiti) non sono soddisfatte, diventa un ostacolo all'adattamento alle esigenze dell'ambiente, un peso per la memoria che è costretta a riprendere i suoi processi dall'inizio. Esistono quindi relazioni dinamiche tra memoria e dimenticanza, ciascuna delle quali agisce l'una sull'altra attraverso il feedback (il collegamento inverso) e si completano o si supportano a vicenda, ma a volte si ostacolano a vicenda.

Quali sono le forme dell'oblio? Di solito, in letteratura sono descritte tre forme di oblio. Uno di questi è il totale oblio, basato sulla cancellazione, completa scomparsa dei dati memorizzati e conservati, che di solito comporta l'impossibilità di aggiornamento. Questa forma è meno comune nei casi normali e più in quelli patologici. Proprio come non c'è uomo che possa memorizzare e conservare assolutamente tutte le informazioni, così non c'è uomo che possa dimenticare assolutamente tutto ciò che ha assimilato una volta, in modo da non conservare nulla. In realtà, questa forma non si incontra come tale ma in modo diverso, ovvero: possiamo dimenticare tutto di un certo evento casuale, con una certa persona o problema. Funziona quindi non in un aspetto totalitario ma, direi, frammentario, insulare. Più diffusa è un'altra forma di oblio, ovvero quella che comporta la realizzazione di riconoscimenti e riproduzioni parziali, meno opportune e perfino errate. La differenza tra il materiale memorizzato e quello aggiornato (come valore, come fedeltà) indica proprio l'intervento dell'oblio. Infine, c'è un'altra forma di dimenticanza, momentanea, che dura solo un certo periodo di tempo (e poi ci ricordiamo) che si chiama reminiscenza. A volte è capitato a ciascuno di noi di dimenticare qualcosa esattamente quando avremmo dovuto saperlo, così che dopo un certo periodo di tempo possiamo facilmente ricordare di cosa si trattava. Questo accade soprattutto agli studenti, che dimenticano solo quando vengono ascoltati, un'ora dopo o il giorno dopo ricordando quasi tutto perfettamente.

Come si spiega l'oblio? In relazione a questo problema, nel tempo sono stati stabiliti due modi più importanti per spiegare la dimenticanza. Uno di loro, sulla base delle cosiddette teorie passive dell'oblio, ritiene che ciò sarebbe dovuto alla cancellazione delle tracce mnemoniche, a causa della loro mancanza di riattivazione, mancanza di esercizio. Senza sbagliare del tutto, questo metodo esplicativo è unilaterale, perché non tiene conto del dinamismo della vita psichica e soprattutto di quella neurofisiologica. Questo è il motivo per cui le teorie attive dell'oblio pongono un'enfasi speciale sulla dinamica dei meccanismi neurocerebrali nello spiegare quel fenomeno. All'interno di queste teorie, iniziamo a ipotizzare che l'attività nervosa non cessi dopo la cessazione dello stimolo, ma continui, il che facilita il consolidamento dell'impronta nervosa lasciata dallo stimolo. (La continuazione dell'attività nervosa e dopo l'azione dello stimolo ci è mostrata dal fatto che il riapprendimento del rispettivo materiale è solitamente molto facile.) Solo che questa attività nervosa può essere prevenuta nel suo sviluppo da un'altra attività, che segue e rinforza la traccia del nervo anteriore, perché la cellula nervosa è quasi interamente occupata dalla nuova attività. In questo caso si ha il cosiddetto fenomeno di interferenza che può essere retroattivo (l'elemento A è ritenuto più debole se seguito da B, qui interviene l'influenza negativa di B su A, quindi quest'ultimo sul precedente) oppure proattivo, in base a l'influenza negativa dell'anteriore sul posteriore. Tuttavia, questi due tipi di interferenze dipendono dalla somiglianza dei materiali, dal loro grado di apprendimento, dal loro volume, ecc. Ad esempio, se A e B sono simili, l'acquisizione di B immediatamente dopo A influenzerà la ritenzione di A anche più che se B fosse più distinto, più eterogeneo. Proprio come se B fosse stato insegnato molto meglio di A, allora la sua influenza negativa su A sarà molto grande. Tutti questi dati ci forniscono preziose informazioni sull'organizzazione del processo di apprendimento, per non dimenticarci.

Sebbene queste teorie siano più vicine alla corretta spiegazione dell'oblio, non considerano nemmeno sufficientemente il ruolo dei processi nervosi fondamentali (eccitazione e inibizione) e in particolare le leggi del loro funzionamento così come le loro varie forme di manifestazione. Sembra che il meccanismo più plausibile che spiega l'oblio sia il meccanismo di inibizione, un processo nervoso che significa una diminuzione dello stato di attività della cellula corticale e non la sua cessazione, come talvolta si crede erroneamente. Quindi, la base della prima forma di oblio (l'impossibilità del ricordo) è il meccanismo dell'inibizione condizionata dell'estinzione che presuppone l'estinzione (cancellazione) dei legami temporanei nelle condizioni della loro non ripetizione; la seconda forma di oblio (riconoscimenti e riproduzioni errate) si basa sul disturbo del funzionamento dell'inibizione condizionato dalle differenze, cioè della capacità di delimitazione, di distinguere le connessioni temporanee; la terza forma di oblio (reminiscenza) comporta l'intervento dell'inibizione condizionata del ritardo, cioè il rinvio della reazione appropriata, proprio quando è necessario. Ma alcune forme di inibizione incondizionata possono spiegare l'oblio. Ad esempio, quando si verifica un processo di apprendimento eccessivo, quando la cellula nervosa è eccessivamente stanca, prende automaticamente misure di difesa, protezione e inibizione. Questa non è altro che inibizione protettiva. Questo spiega perché alcuni studenti che studiano per prepararsi in prossimità dell'esame, anche di notte, all'esame non ne ricordano nulla. A causa della loro "conoscenza" o "desiderio", la cellula nervosa ha preso provvedimenti per proteggersi, per evitare l'esaurimento, ma c'è un altro fenomeno sulla corteccia cerebrale, vale a dire: uno scoppio di eccitazione in un'area del cervello. E' inteso che più intensa è l'inibizione, minore sarà la possibilità di aggiornare le connessioni temporanee corrispondenti a quell'area. Durante eventi più potenti e speciali, dimentichiamo cose molto familiari o facciamo curiosi errori, a causa di, quelle aree che si disinibiscono, ma successivamente avremo di nuovo la possibilità di riattivare le connessioni temporanee richiamando la nostra attenzione sulla necessità di lasciare che il candidato si calmi, e solo allora la risposta nei casi d'esame tornerà lucida, questo avviene anche a causa delle forti emozioni che si provano in un evento simile. Cosa e perché dimentichiamo? Di solito dimentichiamo le informazioni che perdono la loro attualità, che si svalutano, che non hanno più senso per noi né per risolvere problemi pratici, che quindi non rispondono più ai bisogni. Dimentichiamo anche le informazioni non essenziali, i dettagli, dettagli che di solito sono una zavorra. Dimentichiamo le informazioni che sono spiacevoli e che, per il loro continuo ricordo, produrrebbero disagio psichico. Inutile dire che la presenza di queste informazioni nel serbatoio della memoria impedirebbe il nostro comportamento più di quanto lo favorirebbe. Ecco perché vengono dimenticati, lasciati da parte. Sfortunatamente, dimentichiamo non solo tali informazioni, ma anche alcune di cui abbiamo bisogno, che sono di grande importanza per il nostro "successo". Non vogliamo entrare nell'analisi delle cause della dimenticanza di queste informazioni, in quanto sono molto numerose e variano da individuo a individuo. Tuttavia, quello che prevale è l'organizzazione insufficiente o scarsa del processo di apprendimento. L'apprendimento irrazionale, che spesso assume la forma di sotto-apprendimento o sovra-apprendimento è pericoloso per me quanto la sua mancanza.

Qual è il ritmo dell'oblio? H. Ebbinghaus, uno dei primi psicologi tedeschi ad affrontare questo problema, ha fissato (sulla base della memorizzazione di un materiale privo di significato) la curva dell'oblio che è diventata un classico. Secondo questa curva, l'oblio è abbastanza grande, persino massiccio, subito dopo l'apprendimento e poi sempre più lento, quasi stagnante. Se siamo tentati di dare credito a questa curva in relazione a materiale privo di significato memorizzato, non possiamo credere che sia universalmente valido. Al contrario, una serie di fattori, come: il volume del materiale, la sua lunghezza, il suo significato, l'età e le caratteristiche individuali delle persone, faranno sì che questa curva prenda forme diverse. Quando il materiale significativo e privo di significato è piccolo o troppo esteso, le curve dell'oblio tendono ad essere simili; ma quando le due categorie di materiale hanno un volume medio, quella senza senso sembra più veloce di quella significativa. Con l'età le cose cambiano: i bambini di solito dimenticano gli eventi recenti, ma possono rievocarli bene dopo pochi giorni o settimane; gli anziani dimenticano gli eventi recenti, ma possono evocare quelli lontani. L'oblio, quindi, ha riti differenti, sia in base alle particolarità della materia, sia in base alle caratteristiche individuali e anche ai processi della memoria.

Come si combatte l'oblio? Per poter combattere l'oblio è bene conoscerne le cause (apprendimento irrazionale, stanchezza, superlavoro, ansia, malattie cerebrali). Quindi, è necessario combattere non ogni tipo di dimenticanza, ma solo quella che impedisce il corretto adattamento alle esigenze dell'ambiente. Di seguito sono riportati alcuni modi per combattere l'oblio.

A) Leggere!

Leggere un libro non è solo un ottimo modo per rilassarsi dopo una lunga giornata. Uno studio pubblicato nel 2013 suggerisce che chi ama leggere ha un minor rischio di declino cognitivo verso la fine della vita rispetto a chi non ama leggere.

B) Il movimento è buono

L'attività fisica è una buona abitudine sia per mantenere in forma il fisico sia per il cervello. Un recente studio menziona i benefici del camminare che riducono del 50% il rischio di degenerazione cerebrale e Alzheimer. La corsa facile, la camminata veloce e anche solo le passeggiate e la semplice costanza nel leggere migliorano la circolazione sanguigna. Così, con un minimo di sforzo si possono ottenere enormi benefici per tutto il corpo e soprattutto per il cervello.

"Per invecchiare in modo sano, è bene che il cervello abbia quanta più riserva cognitiva possibile, quanti più circuiti e reti neurali possibili, e poi uscire, fare esercizio, socializzare o lavorare fino a tardi, ci sono più reti nel cervello e se ti capita di invecchiare, hai una riserva che ti manterrà per un po 'e coprirà il deficit" dice la dottoressa Margareta Coşurba, –Primario in neurologia

C) Meditazione

La meditazione è la chiave della felicità innata, che è in noi e deve solo essere scoperta. La trance in cui entrano i meditanti è spesso confusa con la pace pura e totale. La meditazione regolare ha un effetto positivo sulla mente, sul corpo e sull'anima del praticante.

Nella mindfulness la meditazione viene classificata in "formale" ed "informale".

La meditazione formale richiede una preparazione e una programmazione, quindi un luogo tranquillo dai rumori limitati e una dose di tempo da dedicare con la certezza di non essere interrotti o disturbati.

La meditazione informale, invece può essere esercitata in molti momenti della giornata, in tutti quei momenti durante i quali spesso inseriamo il pilota automatico, ad esempio spostandoci da un luogo ad un altro o semplicemente camminando, portando l'attenzione sui movimenti del corpo vivendo un'esperienza più vivida e reale, rivolgendo i pensieri non tanto sulle future tappe della giornata, ma focalizzandosi su di un'esperienza sensoriale. Un altro modo di praticare la meditazione informale è quello di portare l'attenzione sul respiro, coordinandolo con i movimenti corporei.

Ognuno di noi trova il metodo che risponde meglio alle proprie esigenze, e che può variare di volta in volta, in base alle condizioni mentali in cui ci troviamo in un determinato momento. Questa pratica è molto utile nei momenti di agitazione o in uno stato mentale di confusione, dove troviamo difficoltà a riorganizzare le priorità o semplicemente le idee.

D) Impara qualcosa di nuovo ogni giorno!

Il mio motto è "prima di addormentarti assicurati di aver imparato qualcosa di nuovo". Questo atteggiamento mentale ti aiuta a mantenere il cervello in forma, ma anche a goderti una vita di qualità. Enfatizza lo sviluppo degli hobby, sii aperto con chi è diverso da te e accetta nuove sfide e confronti costruttivi. I ricercatori hanno compilato un elenco di hobby che stimolano il cervello, aiutano a migliorare la memoria, le capacità di pianificazione e risolvere i problemi più facilmente, indipendentemente dall'età. Pertanto, leggere, praticare sport, suonare uno strumento, imparare una lingua straniera, aiutano a creare nuovi percorsi neurali che fanno funzionare il cervello più velocemente e meglio.

Un altro aiuto per la memoria è dare una pausa al tuo cervello. Invecchiando, può essere più difficile mantenere un alto livello di attenzione su più cose contemporaneamente, la perdita di memoria negli anziani è il risultato di un basso flusso sanguigno al cervello, il quale viene raddoppiato da una mancanza di stimolazione mentale. Tuttavia, ci sono altre cause che influenzano la memoria, come l'anemia, una tiroide meno attiva, la depressione e la sindrome da stanchezza cronica. Una dieta povera e un consumo eccessivo di alcol possono essere altri fattori di rischio, inoltre esistono patologie molto gravi come la malattia di Alzheimer come conseguenza della perdita di memoria negli anziani.

E) Giochi di memoria

Uno stile di vita sano può supportare la salute del tuo cervello e persino incoraggiare lo sviluppo di nuovi neuroni, in un processo noto come neuro plasticità. I giochi di memoria sono molto importanti per mantenere il cervello in forma, esistono numerosi giochi per l'allenamento del cervello, come tetris, cruciverba, rebus, sudoku, scacchi, ecc. I giochi mentali sono progettati per migliorare le prestazioni del cervello relative ad alcuni aspetti come la memoria, la capacità di concentrazione, l'attenzione, la flessibilità nel pensiero, la risoluzione dei problemi, le prestazioni in condizioni di stress, ecc.

Puoi eseguire vari allenamenti progettati per stimolare il funzionamento generale del cervello oppure puoi concentrarti solo su quelli relativi alla memoria o alla flessibilità. Studi scientifici hanno dimostrato una stretta correlazione tra questi giochi e una diminuzione del rischio di malattie come l'Alzheimer. Inoltre, negli studi effettuati, è stata trovata una connessione diretta tra tali giochi e l'aumento delle capacità mentali.

CONCLUSIONI

Caro lettore se sei arrivato a leggere le conclusioni di questo libro ti faccio i miei complimenti. Gli argomenti trattati sono stati veramente moltissimi e tutti faticosi perché lo scopo degli autori era quello di farti ragionare e riflettere il più possibile. Ti auguro il meglio per la tua vita e spero che tu possa condividere e confrontare le tue conoscenze innumerevoli volte, arricchendo sempre di più il tuo bagaglio. Ti ringrazio per la tua attenzione e ti saluto con una frase che mi accompagna da anni "quando incontri ciò che pensi sia diverso da te, non perdere l'occasione di confrontarti ed ampliare il tuo punto di vista"

Il **comportamento** è l'attività osservabile che si verifica nell'interazione con l'ambiente.

I **comportamenti** sono quindi "*reazioni*" complesse, integrate, organizzate gerarchicamente, a seconda delle caratteristiche dell'insieme di stimoli.

Il **metodo** (dal greco *methodos* - strada, percorso da seguire) designa una serie di passaggi o regole che adottiamo per raggiungere un obiettivo.

Per **osservazione** si intende lo studio sistematico e intenzionale del comportamento in condizioni naturali, in assenza dell'intervento dell'osservatore (psicologo) e ai fini di una descrizione dettagliata.

L'introspezione (chiamata anche auto osservazione) è una forma di osservazione che ha come oggetto il proprio comportamento, i propri pensieri e le proprie sensazioni emotive.

Una forma distinta di osservazione è il caso di studio. Consiste nell'indagine molto dettagliata di un singolo individuo o gruppo al fine di generalizzare i risultati dell'osservazione all'intera popolazione.

L'esperimento consiste nel provocare un esperimento psichico, in condizioni ben definite, al fine di verificare un'ipotesi, una relazione causale.

Il **questionario** è un metodo o una tecnica spesso utilizzata nella ricerca descrittiva o nella diagnosi psicologica. Attraverso di esso, un gruppo selezionato di persone (chiamato campione) esprime le proprie opinioni, oppure atteggiamenti sui comportamenti in determinate circostanze.

I **test** sono situazioni standardizzate in cui le risposte delle persone vengono misurate utilizzando standard specifici per la popolazione a cui appartengono.

Le **sensazioni** definiscono la cattura e la trasformazione dell'energia nell'ambiente in energia nervosa, riconosciuta come tale dal nostro sistema nervoso.

La **percezione** si riferisce all'interpretazione di queste informazioni, al modo in cui le diamo significato.

Vista: la rappresentazione di un sistema visivo nel nostro cervello non ha bisogno di alcuna somiglianza fisica con ciò che vediamo.

L'udito ci informa sugli oggetti circostanti attraverso forme di energia chiamate onde sonore.

La **soglia assoluta** è l'intensità più bassa di uno stimolo che lo fa percepire.

Strettamente correlato alla nozione di soglia assoluta è quella di sensibilità, che si riferisce alla capacità di una persona di percepire uno stimolo ad un valore di soglia il più basso possibile. È in una relazione inversamente proporzionale al valore della soglia assoluta.

Il **rumore** si riferisce all'intensità degli stimoli ambientali che non sono oggetto della nostra percezione in quel momento.

La **soglia differenziale** è la quantità minima di cui deve cambiare l'intensità di uno stimolo per farci percepire un cambiamento.

L'aumento o la diminuzione della sensibilità a causa dell'azione ripetuta di stimoli o dei cambiamenti nelle condizioni ambientali è chiamato **adattamento sensoriale**.

La costante percettiva si riferisce alla percezione degli oggetti come aventi forma e dimensione costanti indipendentemente dall'angolo dal quale vengono visualizzati.

L'attenzione si riferisce alla concentrazione e al focus dello sforzo mentale, un focus che è selettivo, gestibile e distintivo.

Attenzione selettiva: il processo mediante il quale selezioniamo solo un elemento dall'ambiente, ignorando gli altri.

Come nel caso dell'attenzione selettiva, quando nelle formazioni ambientali tutte hanno raggiunto la memoria a breve termine e solo qui sono state attenuate prima di essere inviate alla memoria a lungo termine, **l'attenzione distributiva** presuppone la capacità di dare priorità alternativamente, rapidamente, quando un compito, quando l'altro.

Sebbene ci siano altri fattori che possono svolgere fluentemente in compiti simultanei, come *regola generale* dobbiamo sapere che due compiti diversi, semplici, praticati a lungo possono essere eseguiti molto bene contemporaneamente, mentre verranno eseguiti due compiti simili, complessi e nuovi incompleto o errato.

La memoria è il processo psichico che assicura l'imprinting, l'archiviazione e l'aggiornamento dell'esperienza precedente.

Pensare: manipolare rappresentazioni mentali di informazioni.

I concetti sono condensazioni informative, generalizzazioni su oggetti, esseri e fenomeni che hanno caratteristiche simili.

Facciamo generalizzazioni partendo dalle somiglianze tra le istanze tra le istanze (o copie) di oggetti diversi e ignorando le differenze.

Un problema sorge quando una persona mira a raggiungere un obiettivo o reagire in una situazione e non ha una risposta pre-preparata.

L'euristica si riferisce alle regole mentali che possono portare a una soluzione.

L'euristica della rappresentatività è la tendenza a presumere che se qualcosa assomiglia a un membro di una certa categoria, quel qualcosa fa quella categoria, indipendentemente dai dati statistici a portata di mano.

L'euristica della disponibilità è la tendenza a presumere che un evento o una cosa sia tanto più frequente perché possiamo evocarlo più facilmente a memoria.

La motivazione è l'insieme di fattori che innescano l'attività dell'individuo, lo orienta verso determinati obiettivi e lo sostiene energicamente.

La necessità è l'espressione psichica dei bisogni innati o abbandonati dell'uomo.

Il livello di aspirazione è definito come lo standard che una persona si aspetta e spera di raggiungere in un determinato compito.

I processi affettivi sono stati o sentimenti soggettivi che riflettono le relazioni dell'uomo con il mondo circostante, la misura in cui i nostri bisogni interni sono o non sono soddisfatti L'insieme dei processi affettivi (emozioni, stati d'animo, sentimenti, passioni) è l'attività.

Le emozioni sono sentimenti emotivi di breve durata e di intensità variabile che esprimono le nostre reazioni alle situazioni, agli eventi che affrontiamo.

Lo psicologo americano Gordon Allport definisce **la personalità** come l'organizzazione dinamica nell'individuo di quei sistemi psicofisici che determinano il suo pensiero e comportamento. Nel Dizionario di psicologia di Norbert Sillamy (1995), la personalità è definita come l'elemento stabile del comportamento di una persona, che la caratterizza e la differenzia da un'altra persona.

Il **temperamento** è la dimensione dinamico-energetica della personalità che si esprime più fortemente nel comportamento.

Le **abilità** sono caratteristiche mentali e fisiche relativamente stabili che consentono a una persona di svolgere con successo determinate attività.

Una specifica combinazione di competenze che garantisce la possibilità di realizzazione creativa e originale di un'attività è il talento.

Teoria genetica

- Stadio sensoriale-motorio (0-2 anni)
- Fase preoperatoria (2-7 anni)
- fase delle operazioni concrete (7-11 anni)
- fase delle operazioni formali (11-15 anni)

La **riproduzione mentale** si riferisce a un livello intellettuale significativamente inferiore alla media e accompagnato da carenze nei comportamenti di adattamento ambientale.

Il **talento intellettuale** designa un livello intellettuale significativamente più alto rispetto alla popolazione media.

Il **carattere** designa l'insieme delle qualità psichiche che riguardano le relazioni di una persona con i suoi pari e i valori in base ai quali è guidata.

L'**atteggiamento** è un modo di riferire a determinati aspetti della realtà che coinvolgono reazioni emotive, cognitive e comportamentali.

L'ereditarietà è la proprietà fondamentale della materia vivente per trasmettere, da una generazione all'altra, i messaggi di specificità, sotto forma di codice genetico.

L'ambiente è costituito da tutti gli elementi con cui l'individuo interagisce, direttamente o indirettamente, nel processo del divenire.

L'istruzione è definita come attività specializzata, specificamente umana, che media e sostiene consapevolmente lo sviluppo.

In generale, gli psicologi definiscono l'autostima come il risultato della stima del primo valore. Si manifesta come la soddisfazione o l'insoddisfazione che l'uomo associa alla propria immagine di sé, cosciente o meno.

Il concetto di sé rappresenta la totalità delle percezioni e delle conoscenze che le persone hanno sulle proprie qualità e caratteristiche.

La componente valutativa del sé, che si riferisce all'autovalutazione positiva o negativa o negativa della persona, si chiama autostima.

Il termine auto-presentazione si riferisce alle strategie che l'individuo utilizza per plasmare le impressioni degli altri su di lui.

La socializzazione è il processo mediante il quale una persona apprende il modo di vivere della società in cui vive e sviluppa le sue capacità di funzionare come individuo e come membro di gruppi.

L'identità psicosociale è il risultato dell'intersezione del sociale (rappresentato da gruppi, istituzioni, collettività) con l'individuo, riunendo l'auto-rappresentazione degli altri.

La rivelazione di sé è il processo mediante il quale l'individuo comunica agli altri informazioni più o meno intime su se stesso.

Gli psicologi definiscono **l'atteggiamento** come segue: un'organizzazione relativamente sostenibile di credenze, sentimenti e tendenze comportamentali nei confronti di persone, gruppi, oggetti ed eventi socialmente significativi.

Il **comportamento di aiuto** è una sottocategoria del comportamento prosociale. Può essere definito come un atto intenzionale compiuto a beneficio di un'altra persona.

L'empatia corrisponde alla capacità di percepire i sentimenti di un altro, di identificarsi emotivamente e cognitivamente con un'altra persona.

Le emergenze sono situazioni insolite che prevengono un pericolo per una persona. Non sono prevedibili, sono molto diverse e richiedono azioni immediate, non essendo possibile la ponderazione pacifica delle alternative.

L'istinto è un modello predeterminato di risposte a stimoli ambientali, risposte che sono controllate geneticamente.

La frustrazione è stata definita come qualsiasi evento che interferisca con il raggiungimento dell'obiettivo.

Le norme sono convenzioni che regolano la vita sociale e prevengono i conflitti. Hanno un carattere imperativo e la loro inosservanza attira sanzioni.

Leon Festinger ha definito la coesione come il risultato di tutte le forze che determinano gli individui a rimanere nel gruppo.

Il **conformismo** è un cambiamento nel comportamento o negli atteggiamenti verso la posizione del gruppo (la maggioranza dei membri del gruppo) come risultato della pressione implicita del gruppo.

La deviazione può essere definita come una violazione delle regole in un dato gruppo.

La percezione extrasensoriale è definita dai parapsicologi come la capacità di ricevere informazioni sul mondo attraverso canali diversi dai sensi normali.

La chiaroveggenza si riferisce a una forma di percezione extrasensoriale che si riferisce alla capacità di acquisire conoscenze su eventi che non sono rilevabili attraverso il buon senso. La precognizione consiste nella capacità di prevedere o prevedere eventi futuri.

Successivamente, gli psicologi hanno ampliato questo concetto, definendo la **percezione subliminale** come la percezione di stimoli che non rileviamo consapevolmente in una data occasione, anche se in altre situazioni avremmo avuto modo di prenderne coscienza.

www.ingramcontent.com/pod-product-compliance
Lightning Source LLC
Chambersburg PA
CBHW022112280326
41933CB00007B/350